ハンディシリーズ
発達障害支援・特別支援教育ナビ
柘植雅義◎監修

柘植雅義 編著

ユニバーサルデザインの視点を活かした指導と学級づくり

- 柘植雅義
- 涌井　恵
- 漆澤恭子
- 桂　　聖
- 竹内康哲
- 鬼木　勝
- 川俣智路
- 阿部利彦
- 花熊　曉
- 川上康則
- 宇野宏幸
- 田中博司

金子書房

「発達障害支援・特別支援教育ナビ」の刊行にあたって

　2001年は，新たな世紀の始まりであると同時に，1月に文部科学省の調査研究協力者会議が「21世紀の特殊教育の在り方について　～一人一人のニーズに応じた特別支援の在り方について～」という最終報告書を取りまとめ，従来の特殊教育から新たな特別支援教育に向けた転換の始まりの年でもありました。特に画期的だったのは，学習障害（LD），注意欠如多動性障害（ADHD），高機能自閉症等，知的障害のない発達障害に関する教育の必要性が明記されたことです。20世紀の終わり頃，欧米などの他国と比べて，これらの障害への対応は残念ながら日本は遅れ，国レベルでの対応を強く求める声が多くありました。

　しかし，その2001年以降，取り組みがいざ始まると，発達障害をめぐる教育実践，教育行政，学術研究，さらにはその周辺で深くかかわる福祉，医療，労働等の各実践，行政，研究は，今日まで上手い具合に進みました。スピード感もあり，時に，従来からの他の障害種から，羨望の眼差しで見られるようなこともあったと思われます。

　そして14年が過ぎた現在，発達障害の理解は進み，制度も整い，豊かな実践も取り組まれ，学術研究も蓄積されてきました。以前と比べれば隔世の感があります。さらに，2016年4月には，障害者差別解消法が施行されます。

　そこで，このような時点に，発達障害を巡る種々の分野の成長の全容を，いくつかのテーマにまとめてシリーズとして分冊で公表していくことは非常に重要です。そして，発達障害を理解し，支援をしていく際に，重要度の高いものを選び，その分野において第一線で活躍されている方々に執筆していただきます。各テーマを全体的に概観すると共に，そのテーマをある程度深く掘り下げてみるという2軸での章構成を目指しました。シリーズが完成した暁には，我が国における発達障害にかかわる教育を中心とした現時点での到達点を集めた集大成ということになると考えています。

　最後になりましたが，このような画期的なアイデアを提案して下さった金子書房の先見性に深く感謝するとともに，本シリーズが，我が国における発達障害への理解と支援の一層の深まりに貢献してくれることを願っています。

2014年9月

シリーズ監修　柘植雅義

Contents

第1章 誰もが学びやすい授業のデザインとは？
　──「ユニバーサルデザイン」という考え方と手法
　………………………………………………………柘植雅義　2

第2章 国内外の「ユニバーサルデザイン教育」の実践
　……………………………………………………………川俣智路　8

第3章 協同学習で取り組むユニバーサルデザインな学び
　………………………………………………………………涌井　恵　20

第4章 教科教育における「授業のユニバーサルデザイン」
　……………………………………………………………阿部利彦　29

第5章 ユニバーサルデザインの実践を支える学級経営
　……………………………………………………………漆澤恭子　41

第6章 学校全体で取り組むユニバーサルデザインとは
　……………………………………………………………花熊　曉　49

第7章 【実践紹介＆解説】
　通常学級で取り組むユニバーサルデザイン …………56

　実践1
　小学校・国語授業のユニバーサルデザイン
　──3年生文学教材「海をかっとばせ」の学習指導
　……………………………………………………………桂　　聖　57

　実践1解説
　計算し尽くされた「しかけ」が授業のユニバーサルデザインを支える
　……………………………………………………………川上康則　63

[実践2]
中学校での通級的指導を活かした「教科協働型授業研究会」の実践
——アスペルガー障害のある生徒の学習意欲を育てる支援
.... 竹内康哲　66

[実践2解説]
教師の学び合いを活かして，個のニーズをふまえたクラスの授業づくりへ
.... 宇野宏幸　73

[実践3]
通常学級における「ユニバーサルデザインの視点」を取り入れた授業実践
——中学2年・社会科授業の実践から
.... 鬼木　勝　75

[実践3解説]
学力向上を大切にした確かな基盤の上での特別支援教育の視点を取り入れた授業改善
.... 柘植雅義　80

[実践4]
子ども同士の関係づくりの視点から考える教室のユニバーサルデザイン
.... 田中博司　83

[実践4解説]
ユニバーサルデザインでクラスをつなぐ
——「環境づくり」＋「関係づくり」
.... 阿部利彦　89

第8章　ユニバーサルデザイン教育を非日常から日常へ
——形骸化を防ぐ取り組みを
.... 阿部利彦　91

第1章

誰もが学びやすい
授業のデザインとは？
―― 「ユニバーサルデザイン」という考え方と手法

柘植雅義

1 「ユニバーサルデザイン」という言葉への注目と期待

　近年，「ユニバーサルデザイン（universal design）」という言葉が，我が国の社会にすっかり浸透してきた。一般に，ユニバーサルデザインの対象は，建造物，交通・移動，通信，さらにはさまざまな商品と，およそこの社会のほとんどすべての場面がその対象となってきている。ひと昔前には考えられないほどの変容ぶりである。さらに，そのような物理的な物や形や機能のみならず，教育や福祉といった対人援助サービスに関わる領域にまで，その考えが浸透してきている。

　そのきっかけになったことの一つとして，2006年に施行された，バリアフリー新法（正式名称は，「高齢者，障害者等の円滑化の促進に関する法律」）がある。これにより，高齢者や障害者など，あらゆる人たちが，それまで以上に社会活動に参加し，自己実現できるためのバリアフリー化が，一層促進されることになった。共生社会（cohesive society）の実現に向けた政策は内閣府が統括するとともに，各省庁等が管轄する領域において，バリアフリー化を推進している。そして，国や行政だけではなく，民間の優れた取り組みに対して，バリアフリー・ユニバーサルデザイン推進功労者表彰を行っている。

　また，国土交通省・警察庁・総務省による，バリアフリー新法の解説では，「ユニバーサル社会の実現をめざして」という表題を掲げて，バリアフリー新法の解説を行っている（http://www.mlit.go.jp/barrierfree/transport-bf/explanation/kaisetu/kaisetu_.html）。

　このように，「ユニバーサルデザイン」「ユニバーサル社会」は，我が国が目指す共生社会の実現に関わる重要な考えであり手法なのである。

2 教育におけるユニバーサルデザインの必要性

　近年，教育の領域にも，ユニバーサルデザインの考えは浸透し始めている。特に，教室の中の子どもの多様性が注目され，さまざまなニーズを持った子どもがいるという前提での教育が求められてきているのである。

　学校の中でのユニバーサルデザインという場合，その対象は広い。例えば，学校の周辺（通学路など）のバリアフリー化（道路の段差の解消，横断歩道のメロディ，点字ブロックなど）から始まり，学校全体の建物のバリアフリー化（校内の段差の解消，エレベーターの設置など）や，教室内環境の整備，授業づくりのあり方，さらには，校風や学級経営のあり方からくる障害の理解啓発の状態，教職員の障害に関する理解の深さや対応能力（専門性）の高さなど，実に多岐に渡る。

　たとえば，障害のある子どもに対して，障害にかかわる差別的な発言が飛び交っているような学校が，もしあるとすれば，バリアフリーとかユニバーサルデザインといった方向とは逆行するものであり，国として総力を挙げて実現しようとしている共生社会の実現には遠いところにある学校だということになる。このような，校風とか地域性と言ったことも重要な事項になるのである。

3 特別支援教育の本格実施と授業のユニバーサルデザイン

　特別支援教育が本格的に始まろうという頃に相まって，通常学級における「授業のユニバーサルデザイン」という考え方が提唱されるようになり，現場の教師たちによる実践の試みが始まったことは，とてもタイムリーなことであり，特別支援教育の充実発展に大きく貢献していると言える。

　特に，特別支援教育が小・中学校だけではなく，幼稚園や高等学校の通常学級でも奨励され行われるということになったことから，ユニバーサルデザインという考えと手法が，現場の先生方に注目されるようになったことは，まったくもってウェルカムであった。

　発達障害などの障害のある児童生徒が通常学級に在籍する場合，学級の一員として当り前のことだが，彼らにも理解がしやすい指導や授業の展開が求め

られる。通常学級におけるユニバーサルデザインとは、そのような児童生徒も一緒に学んでいるという前提での、誰にも学びやすい授業にしていこうという試みである。

文部科学省が 2002 年度に行った調査により、6.3％の割合で、通常学級に学習面や行動面で特に困難を示す児童生徒が存在する可能性が示されたことがきっかけとなり、彼らにも分かる授業の展開が求められ始めた。この調査は、一昨年（2012 年）に再調査が行われて、その結果は、6.5％と、10 年前の調査と類似のものとなった。さらに、その他の障害のある子どもも含めると、その割合はさらに大きくなる。それくらいの割合の子どもが既に通常学級にいるという前提で、誰もが学びやすい授業が期待されるのであり、そのためにどのような授業をデザインすればよいかということが、教師に、学校に、求められるのである。

「学習のつまずき」には、その確かな理解、実態把握、そして、それらを踏まえた適切な対応が必要であり、さらに、つまずきの状態に気付いてから対応するのではなく、予防的な対応も重要である（柘植, 2013d）。近年、アメリカでは、「介入に対する反応（RTI；responsiveness to intervention）」が話題になっていて、それらの実践や研究が進んでいる。これは、学習や行動のニーズを持つ児童生徒への、早期発見と早期支援への多層的なアプローチで、つまずきや困難が顕著になってから対応するのではなく、そうなる前から予防的な視点で対応していこうとするもの、と言ってよいだろう。そのようなことが注目される背景には、つまずきが明確になってから対応するのではなく、できるだけ早い段階から予防的に対応しようとする考えがある（学習障害の判断に関する、従来のディスクレパンシー・モデル（discrepancy model）への反省も込められている）。そして、個々の教師の勘に頼ることなく、システムとして対応していこうという意思が感じられる。

一般的に、授業を展開する際には、学級が多様な児童生徒から構成されているという事実の認識を持つこと、それにより、指導・支援の一層の工夫（個別的な視点）が必要になるということ、そして、誰一人として決して落ちこぼしはしないという確固たる意思を持つこと、が大切である。これらの基本的な事項を、授業のユニバーサルデザインという考えと手法でカバーしていけるので

あれば喜ばしい。

4 授業のユニバーサルデザインの有効性と限界を巡って

　授業のユニバーサルデザインという考えと手法は，始まったばかりで，その有効性や限界が，まだ整理されているわけではない（柘植, 2011）。

　確かに，授業のユニバーサルデザインの取り組みが実践レベルで行われ，関連する研究も学術学会などで報告され始めている。こうして，その有効性が着実に認識されつつある。本書では，そのような貴重な取り組みが実践紹介の形でいくつか寄稿されている。詳しくは，第7章の実践を参照いただきたい。

　埼玉県教育委員会は，2013年3月に，2012年度に取り組んだ，ユニバーサルデザインの視点を取り入れた授業実践に関する研究を取りまとめた報告書「小・中・高等学校及び特別支援学校におけるユニバーサルデザインの視点を取り入れた授業実践に関する調査研究（最終報告）」を刊行した。その中で，授業づくりの12のポイントを開設すると共に，小学校，中学校，高等学校における各教科の授業づくりの実際例を紹介している。

　また，本書の第7章の実践事例でも紹介している，神奈川県横浜市立美しが丘中学校では，全ての教科に対して授業ユニバーサルデザインの視点からの授業改善に取り組んでいる。確かな学力の向上に向けた全校体制での取り組みに，特別支援教育の視点を盛り込んでいこうとするものである。各教科の授業研究会には，年に1回は，その教科の担当の指導主事が教育委員会から参加している。なお，この学校は，横浜市教育委員会による自閉症教育の充実に関する事業のモデル校となっている（柘植, 2013a）

　さらに，兵庫教育大学大学院では，修士課程に特別支援教育コーディネーターコースを設置し，現職派遣の各大学院生が，県内の学校の通常学級等に継続的・計画的に入り込んで，校内の特別支援教育コーディネーターや管理職らと連携しながら，様々な支援を実施し，効果的な支援の在り方や授業の展開について検討し，成果を蓄積してきている。学校としては，発達障害などの障害のある児童生徒の在籍する学級の授業改善や，そのベースとなる学級づくりなどに取り組む教師へのコンサルテーション（授業コンサルテーション）や，それも含

めた学校への総合的包括的なコンサルテーション（学校コンサルテーション）を受けながら，取り組んでいる。

この他にも，全国各地において，自治体レベル，学校レベル，あるいは，一教師の貴重な取り組みが始まっている（柘植，2012）。

しかし，その一方で，例えば，小学校6年生の年齢で，知的障害があり小学校1年生の学習の段階にある子どもの場合，学年が6年生だからといって，6年生の通常学級に在籍した場合，国語，算数，理科，社会や，音楽，図工，体育など，ほとんどの教科の内容を理解することはできないだろう。自分をその状況においてみれば理解しやすいと思われる（柘植，2011；柘植，2013e）。

このように，例えば，IQ50の子どもの場合，通常学級で他の子どもと同様にその内容を理解させるべく，授業のユニバーサルデザインという手法で見事に解決するわけではないのである。授業のユニバーサルデザインという手法は，誰にでも効果のあるものではないのである。それでは，IQ70くらいの子どもならどうか，ある特定の教科やその中のある単元ならどうかなどの点もあいまいで，まだ良く分かっていないのが現状である。

さらには，このユニバーサルデザインという手法で，どんなに障害が重くとも（知的障害が重度であったり，さらに複数の障害を併せ持ったりしていても），通常学級の中で，障害のない他の児童生徒と同じ内容を習得できる，と勘違いしているような声を聞くこともある。

5 誰もが学びやすい授業のデザインに向けて

誰もが学びやすい授業のデザインとは何かを追求し，全国各地の学校で，誰もが学びやすい授業が展開されること，それを教師も保護者も願っている。

そのために，以下の4つの事項が必要であろう。

(1) 誰もが学びやすい授業を行うことの基本的な考えや良さの理解啓発
(2) 教員による優良な実践事例（best practice）の集約と分析
(3) 研究者による基礎的研究による有効性と限界の検討と明確化
(4) 行政担当者による授業改善の必要性の周知と必要な研修会の開催

そして，上記に加えて，2012年7月に中央教育審議会（中教審）から示された報告「共生社会の形成に向けたインクルーシブ教育システム構築のための特別支援教育の推進（報告）」により，「合理的配慮」や「基礎的環境整備」の視点からの教育や指導・支援の推進が求められていくことになる。
　このことにより，障害のある子どもも含め，学級の中の誰もが学びやすい授業が展開されていくことが，ひいては，バリアフリーな社会，ユニバーサルな社会へと繋がっていくことだろう（柘植, 2013c；柘植, 2013e）。

【引用・参考文献】

柘植雅義（2011）総論：通常学級における授業ユニバーサルデザイン ―その有効性と限界を巡って―．（特集：保存版 通常学級の授業ユニバーサルデザイン）特別支援教育研究, 652, 4-6．東洋館出版．

柘植雅義・堀江祐爾・清水静海編著（2012）教科教育と特別支援教育のコラボレーション ―授業研究会の新たな挑戦―．金子書房．

柘植雅義（2013a）課題のある子と学力の高い子 両方をのばす教育の未来系．特集2：特別支援教育の視点で授業を変える！授業ユニバーサルデザインの現在進行形．総合教育技術, 4月号, 65-66．小学館．

柘植雅義（2013b）子供の多様なニーズに応える理数科教育に向けて ―特別支援教育の使命―．特集：理数科教育と特別支援教育のコラボレーション．（財）理数教育研究所, Rimse, 3, 2-4．

柘植雅義（2013c）子どもを科学的に捉えて ―インクルーシブ教育システム構築の行方―（日本教育新聞編集局長インタビュー）．日本教育新聞, 2013年3月25日号．

柘植雅義（2013d）学習でつまずく子どもたち ―その様相と支援―．実践障害児教育, 8月号．学研．

柘植雅義（2013e）特別支援教育 ―多様なニーズへの挑戦―．中公新書, 中央公論新社．

第2章

国内外の「ユニバーサルデザイン教育」の実践

川俣智路

> すなわち，適応の負担は学習者ではなくカリキュラムの方が背負うべき，ということだ。ほとんどのカリキュラムは個々の違いに対応できるものではないのだから，障害があるのは生徒ではなく，カリキュラムの方だと認識するようになったのだ。(UNIVARSAL DESIGN FOR LEARNING (UDL) GUIDELINES V1.0 Copyright©2008 by CAST, Inc. All rights reserved.（日本語翻訳 金子晴恵 バーンズ亀山静子）より引用）

1 なぜ教育にユニバーサルデザインなのか

　近年，特別支援教育にユニバーサルデザインの発想が取り入れられ，活用されるようになってきている。本稿では国内外の「ユニバーサルデザイン教育（UD教育）」について紹介することを目的としている。その前提として，ここで簡単にユニバーサルデザインが特別支援教育に影響を与えることとなった，そのいきさつについて振り返ってみたい。

> 1．すべての子どもは，教育に対する基本的権利をもっており，十分な学習水準を達成し，かつ維持する機会を与えられなければならない。
> 2．一人ひとりの子どもは，他の子どもにない特徴，関心，能力および学習のニーズを有する。
> 3．これらの特徴とニーズの幅広い多様性を考慮にいれて，教育制度は計画されなければならないし，教育プログラムが実施されなければならない。

> 4．特別な教育的ニーズをもつ人たちは，通常の学校にアクセスできなければならないが，通常の学校は，そのニーズを満たすことができる児童を中心とした教授法のなかで彼らにサービスを提供しなければならない。
> 5．このインクルージョンへの志向をもつ通常の学校こそ，差別的態度と闘い，すべての人を喜んで受け入れるコミュニティをつくりあげ，インクルーシブ社会を形成し，万人のための教育を達成する最も効果的な手段である。さらに通常の学校は，大多数の子どもたちに効果的な教育を提供し，教育制度全体の有効性を高め，最終的には費用対効果を高める。
> （UNESCO，1994，paragraph.2，アラン・ダイソン 1999/2006 の翻訳を使用）

　引用した内容は，ユネスコが1994年に発表した「特別ニーズ教育における原則，政策，実践に関するサラマンカ宣言」の中で公表された，インクルーシブ教育実現のための5つの原則である。インクルージョン，あるいはインクルーシブ教育は今日のUD教育と類似したものである。障害などのハンディキャップや生活の中で困難を抱えている子どもを排除するのではなく，そうした子どもたちも含めて教育をしていくことで社会的な不利をなくしていこうとする思想はある一定の評価をもって受けとめられ，世界各地で様々な取り組みがなされている。ハリー・ダニエルズとフィリップ・ガーナー（1999/2006）は，イギリス，アメリカ，オランダ，北欧，カナダ，スペイン，ブルガリア，チリ，南アフリカ，ブラジルなどの各地のインクルーシブ教育について紹介している。インクルーシブ教育は全世界で注目されていたのである。

　さて先の宣言について，アラン・ダイソン（1999/2006）は，非常にパワフルな宣言ではあるが，インクルーシブ教育の定義やその方法を断定的に提言しており，かつその具体的な内容は曖昧なままであると批判している。たしかに，「〜されなければならない」という文言は，まるでそれが唯一の方法であるかのような印象を受けるだろう。また，こうしたことをどのように実現するのかという点については別途検討しなければならないこととなる。

　インクルーシブ教育と教育環境のユニバーサルデザイン化は，異なる文脈か

ら出てきた発想であるが、その根底には共通する点も多い。先に挙げた5つの原則が、ユニバーサルデザインが目指す教育と重なっていると感じた方も多いだろう。

　ユニバーサルデザインとは、アメリカの建築家のロナルド・メイスを中心に、製品や環境のデザインを、年齢や性別、身体的な特徴に左右されないような誰もが使えるものにしようとする試みである。バリアフリーが、老人、妊婦、障害者などの特定のハンディキャップをもった人々への特別な対応をさしているのに対して、ユニバーサルデザインはそうした特定のハンディキャップの有無にかかわらず全ての人々にとって快適に利用可能な環境であることを目指している。もっともその2つは完全に異なるものではない。坂本（2012）はバリアフリーデザインとユニバーサルデザインの関係について、図2-1のように示しその関係を整理している。そして坂本の専門である住宅デザインの世界ではバリアフリーデザインからユニバーサルデザインへとデザインの目的が変化してきていること、ユニバーサルデザインはバリアフリーデザインポイントを理解することから始めると整理しやすいと述べている。

　バリアフリーからユニバーサルデザインへの変化は、そのまま今日の日本の

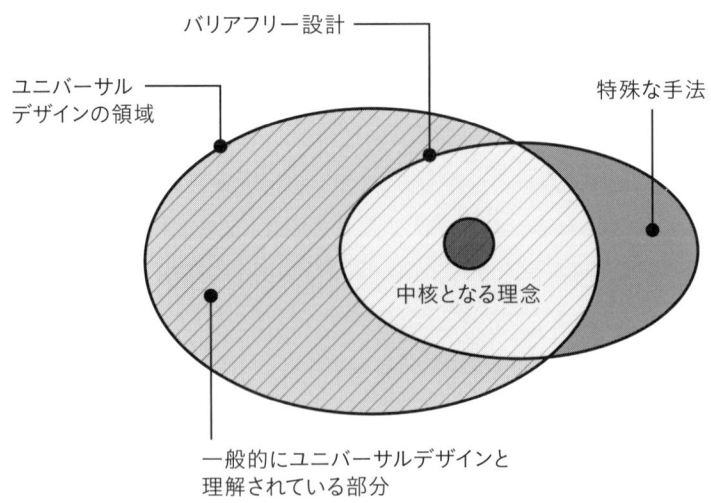

図2-1　バリアフリーデザインとユニバーサルデザインの関係（坂本（2012）から引用）

特別支援教育の変化と重なるものがあるだろう。2007年に学校教育法の中に特別支援教育が位置づけられた当初は，支援ニーズのある子どもに対しアセスメントを実施し，支援計画を立てて，実際に支援を実施するスタイルであった。これは，ハンディキャップをもった人々への特別な対応という意味ではバリアフリーの思想に基づいていると言えるだろう。しかし，特別支援教育が実施されていくにつれ，子どもには様々なニーズがあり，教育的な「バリア」が生まれてくるたびにそれを解消する方式では現場の教員の負担も大きく，また教育全体の計画も立てにくい。そうした中で，住宅デザインの世界と同様に近年では特別支援教育のあり方として，ユニバーサルデザインを取り入れていこうとするのは必然の流れであっただろう。

日本においては本書の他の章で紹介されているように，「授業のユニバーサルデザイン（授業のUD）」の考え方が広く受け入れられつつある。しかし，こうした取り組みは日本で発展してきているものであり，国外に目を向けるとまた別の教育のユニバーサルデザインが存在している。それは本稿で詳しく紹介したい，「学びのユニバーサルデザイン（UDL）」である。

2 Universal Design for Learning
――もう1つのユニバーサルデザイン

廣瀬（2010）は，授業のUDは全員参加を支えるための授業づくりの方法であるとしているが，授業づくりにユニバーサルデザインの発想を取り入れるだけではなく，バリアフリー的な支援や配慮を組み合わせることも含めて授業のUDと定義している。ある授業プランを提示し，後は必要に応じて配慮を実施することは現実的な選択といえるだろう。しかし，子どもの学び方は多種多様であることは，ユネスコが宣言しているようにすでに明白なことである。またどの子どもも学びの際に障壁となるような苦手をもっている可能性があることも，いまや教育の現場では常識である。では，あらかじめ多様な学び方に対応した学習方法，それを助ける教材，そしてそれに対応する評価方法を用意しておくことはできないだろうか。子どもたちが学ぶ環境そのものをユニバーサルデザインに基づいて設計する，それが学びのユニバーサルデザイン（UDL）

である。

　UDLはアメリカのCAST（Center for Applied Special Technology）が中心に提唱している，学習者のためのユニバーサルデザインのガイドラインである。CASTは1984年に設立され，もともとは障害のある子どもを支援するための団体であった。しかし，障害のある子どもたちへの教育の改善を目指すためには，柔軟な方法と教材を利用することが重要であると考えて，UDLのアプローチを発展させていったのである。

　UDLがアメリカで注目されるきっかけとなった1つの要素として，「落ちこぼれ防止法」（NCLB法）の存在と，それに伴う変化が挙げられるだろう。アメリカでは2002年にNCLB法が施行され，全ての子どもの成績の向上が法律で義務づけられた。日本と異なり，全体の平均点で学力の向上や低下を判断しないため成績の良い子どもでも悪い子どもでも，たとえ特別支援教育の対象の子どもでも，前回の学力アセスメントから結果が向上することを求められるのである。こうして全ての子どもに対して，効果的な教育を実施することが必要となったのである。ニューヨーク州認定スクールサイコロジストのバーンズ亀山（2013）はNCLB法施行の結果，「つまずきが起こった後の特別な支援」というスタイルから「つまずきが起こる前にその兆候を発見し支援を行う」「つまずきに早期に介入することで影響が甚大になることを可能な限り防ぐ」への変化が生じたとしている。こうした変化の中で，いかにして子どもたちの多様な学びに柔軟に対応した学習指導，支援を実施していくかということが喫緊の課題となったのは想像に難くない。UDLは，こうした変化に対応するための1つの有効なフレームワークとして注目されるようになったのである。

3 UDLの3つの原則とガイドライン

　UDLは脳科学のエビデンスに基づいて，「提示に関する多様な方法の提供」，「行動と表出に関する多様な方法の提供」，「取り組みに関する多様な方法の提供」という3つの方略から成り立っている。さらにそれぞれの方略はさらに3つの分野に細分化されている。それを1つにまとめてCASTが提供しているガイドラインが表2-1である。

表2-1　CAST (2011). Universal design for Learning guidelines version 2.0. Wakefield, MA: Author.［キャスト（2011）バーンズ亀山静子・金子晴恵（訳）学びのユニバーサルデザイン・ガイドライン ver.2.0. 2011/05/10 翻訳版］

学びのユニバーサルデザイン・ガイドライン (ver.2.0.)

I. 提示に関する 多様な方法の提供	II. 行動と表出に関する 多様な方法の提供	III. 取り組みに関する 多様な方法の提供
1：知覚するための多様な オプションを提供する 1.1 情報の表し方をカスタマイズする多様な方法を提供する 1.2 聴覚的に提示される情報を，代替の方法でも提供する 1.3 視覚的に提示される情報を，代替の方法でも提供する	**4：身体動作のための オプションを提供する** 4.1 応答様式や学習を進める方法を変える 4.2 教具や支援テクノロジーへのアクセスを最適にする	**7：興味を引くために多様な オプションを提供する** 7.1 個々人の選択や自主自律性を最適な状態で活用する 7.2 課題の自分との関連性・価値・真実味を高める 7.3 不安材料や気を散らすものを軽減させる
2：言語，数式，記号のための オプションを提供する 2.1 語彙や記号をわかりやすく説明する 2.2 構文や構造をわかりやすく説明する 2.3 文や数式や記号の読み下し方をサポートする 2.4 別の言語でも理解を促す 2.5 様々なメディアを使って図解する	**5：表出やコミュニケーションに 関するオプションを提供する** 5.1 コミュニケーションに多様な手段を使う 5.2 制作や作文に多様なツールを使う 5.3 支援のレベルを段階的に調節して流暢性を伸ばす	**8：努力やがんばりを継続させる ためのオプションを提供する** 8.1 目標や目的を目立たせる 8.2 チャレンジのレベルが最適となるよう求める（課題の）レベルやリソースを変える 8.3 協働と仲間集団を育む 8.4 習熟を助けるフィードバックを増大させる
3：理解のための オプションを提供する 3.1 背景となる知識を提供または活性化させる 3.2 パターン，重要事項，全体像，関係を目立たせる 3.3 情報処理，視覚化，操作の過程をガイドする 3.4 学習の転移と般化を最大限にする	**6：実行機能のための オプションを提供する** 6.1 適切な目標を設定できるようにガイドする 6.2 プランニングと方略開発を支援する 6.3 情報やリソースのマネジメントを促す 6.4 進捗をモニタする力を高める	**9：自己調整のための オプションを提供する** 9.1 モチベーションを高める期待や信念を持つよう促す 9.2 対処のスキルや方略を促進する 9.3 自己評価と内省を伸ばす
学習リソースが豊富で， 知識を活用できる学習者	**方略的で，目的に向けて 学べる学習者**	**目的を持ち， やる気のある学習者**

CAST

© 2011 by CAST. All rights reserved.　www.cast.org, www.udlcenter.org.

UDLは3つの原則に基づいて，この方略を用いることで，学習者は最も理解しやすい方法で課題を提示され，様々な学び方の中から最も自分に合った方法を選択し，その学習に対して適切な評価を受けることができるようになる仕組みとなっている。こうした内容の詳細はUDLガイドラインとしてウェブサイトに示されている。なお，このガイドラインは日本語に訳されており，誰でも利用可能となっている（http://www.andante-nishiogi.com/UDL/）。UDLの枠組みを授業に導入する際には，表2-1の9つの原則について授業の中で達成されているかどうかを確認していくことにより，あらゆる面において学習環境をより多様なニーズに対応したものとすることができるのである。

　UDLではこうしたメソッドが支援の必要な子どものみではなく，すべての生徒が必要に応じて利用可能となる点にも特徴がある。また，教科や年齢，授業の計画などの条件に左右されないことも大きな特徴である。極端な話をすれば，授業のUDに基づいた授業案も，UDLの枠組みを導入してよりユニバーサルな学習環境へと変えることができるのである。

　アメリカのインディアナ州コロンバスのバーソロミュー学校区では，2006年から学校区全体でUDLを導入することを進めて，成果を上げている。この学校区には，約12,000人の児童生徒が在籍しているが，その中で51種類の言語が使用され，全体の約11％の児童生徒は母語が英語ではない。全体の13.9％の児童生徒に障害があり，約16％の生徒は人種的にマイノリティである。このような多様なニーズに対応するために，UDLは必要不可欠な実践のフレームワークとなっているのである。この学校区でのUDLへの取り組みは徹底しており，教員の人事評価の50％はUDLのフレームをきちんと日々の授業に活かしているかで決まり，20％は個々の児童生徒の学力に伸びが見られたかで決められるほどである。

　このバーソロミュー学校区では，UDLを導入することにより成績が向上していることも見逃せない。インディアナ州では共通の学力アセスメントの1つとしてIndiana Statewide Testing for Educational Progress-Plus (ISTEP+)と呼ばれるテストが実施されている。このテストは，児童生徒がインディアナ州で設定する標準学力を達成できているかどうかを調べるものである。バーソロミュー学校区では，2009年から2012年かけて母国語が英語の児童生徒，英

語ではない児童生徒，通常教育の対象の児童生徒，特別支援教育の対象の児童生徒のいずれの群においても，ISTEP+ の基準点を上回る成績を残した児童生徒が増加している。UDL の枠組みを授業へ導入することは，単に多様な学びを保障するだけではなく，それ自体が学力の保障をすることも実証されているのである。

4 UDLの枠組みから授業を作る

UDL の枠組みから授業を作る上で重要となってくるのは，学びの多様性に対していかに柔軟に準備をすることができるかである。UDL の概念では，この柔軟な準備を行うためのキーワードとして，Option（複数の方法），Alternatives（代替手段），Scaffolding（段階的支援），Customize（調節可能

UDL Planning Sheet

Lesson Goal: ＿＿

REPRESENTATION (What?)	ACTION/EXPRESSION (How?)	ENGAGEMENT (Why?)
Options to see, hear and perceive information:	*Options to do, move and interact:*	*Options to care, value and find relevance:*
Options to decode language, math, symbols:	*Options for expression/communication of knowledge:*	*Options to vary challenge and/or support:*
Options to make sense/understand knowledge:	*Options to plan, strategize and initiate action:*	*Options to set goals and self regulate:*

図2-2　バーソロミュー学校区で実際に試用されている「UDL Planning Sheet」

な），という4つのキーワードを示している。

　UDLでは，学習の障害は子どもの中にあるのではなくカリキュラムにあると考える。そこで，学習するにあたってつまずきが生じた場合にはあらかじめ複数の手段を用意する，学習の目的を変えない範囲での代替手段を用意する，段階的な支援を可能とするような手段を用意する，個人のニーズに合わせて調節可能な支援を用意する，といった形で，学習環境を構築していくのである。

　UDLの枠組みを授業に導入する際には，表2-1の9つの原則について授業の中で達成されているかどうかを確認していく。図2-2はアメリカのインディアナ州コロンバスのバーソロミュー学校区で使用されている，授業にUDLのフレームを導入するためのUDL Planning Sheetである。9つの記入枠はそのまま表2-1の9つの原則に対応しており，授業の目的に合わせて，9つの枠にUDLに基づいた学習環境を実現するためのオプションと呼ばれる手立てを記入していくことになる。こうしたオプションは，子どものニーズが判明してから作成されるのではなく，事前に多様な学びのニーズを想定して作成される。

　9つの原則を実現させるために導入される，様々な具体的な支援方法はオプションと呼ばれる。このオプションはどのような生徒が用いても良い。つまり学習環境のユニバーサルデザイン化が進められるのである。このことにより，UDLは障害のある生徒への支援という意味だけではなく，すべての生徒の学習意欲，学習スキル，そして成績を向上させることを目指しているのである。

5　UDLの枠組みを取り入れた実践

　筆者はこれまでいくつかの小学校で，UDLを取り入れた実践について共同研究を実施してきている。ここではオプションに関して，UDLの枠組みを実際に取り入れていた小学校での簡単な例を挙げて，さらに具体的に説明していきたい。例に挙げるのは6年生の算数で，「点対称の意味を理解し作図できるようになる」のが，授業の目的とされている。授業の大まかな流れと，授業の際に実施されていたオプションは以下の通りである。（カッコ内は，表2-1の原則に振られた番号に対応している）。

〈授業の流れ〉
1．前時の復習，点対称の図形の書き方についての説明（約15分）
2．教員が黒板で例題を解いてみせる（約10分）
3．各自，練習問題を実施し答え合わせをする（約20分）

〈授業に取り入れられたオプション〉
A．点対称の図形の書き方を説明する際に，デジタル教科書などを利用して視覚的な情報を補う（1.2）。またこの説明の内容はPCやタブレットPCを利用して，練習問題を実施中に確認することができ（1.2, 3.3），また実際にデジタル教科書を操作してみることも可能である（1.3, 3.3）。
B．書き方の説明後，すぐに練習問題に取り組む児童，先生の説明を一度聞いてから練習問題に取り組む児童，苦手なので先生の説明後も再度説明を受ける児童の3グループに分かれて，それぞれ学習する（8.2, 8.3）
C．例題を解く際には，黒板とデジタル教科書を併用する（3.3）。
D．練習問題は難易度の違うものを数種類用意して，それぞれが自分にあったレベルのものを選択できる（8.2）。
E．答え合わせは教員に見てもらう，紙に印刷されたものと見比べる，透明のシートに答えの図形が印刷されているものを自分の答えと重ねて見比べる，の中から選択することができる。また作図の様子がタブレットPCにビデオとして収録されており，必要に応じて参照することができる（1.3, 2.2, 2.5, 4.2, 5.3, 7.1）

オプションは，全ての児童の多様なニーズを想像することから生まれる。たとえば，図形の書き方の説明の時に，言語中心の説明では理解が難しい児童がいるかもしれない，というような予想がAのようなオプションにつながるのである。しかしこれは，あくまでもある個人に対しての対応ではない。重要なことは，こうしたオプションは全ての児童に利用可能であり有益であるということである。また従来の授業とは大きく異なってくる点として，BやEのオプションのように必ずしも全員が同じ内容の作業を行う必要がないことが挙げられる。カリキュラムの障害をなくし，全ての子どもが学びに従事するためには，

そこでの学習の方法は必然的に多様化してくる。静かな教室で皆が教員の話に耳を傾け，同じ問題を同じタイミングで行い答え合わせをする，という授業はUDLにおいては様々な障害を抱えたカリキュラムになってしまう可能性がある（もちろん集団行動を身に付ける，という意味についても否定しているわけではない）。授業にUDLのフレームを導入することは，これまでの授業に対して抱いていた先入観を変えてみることでもある。

　ではこの授業におけるUDLの観点から見た課題は何であろうか。先に挙げた表2-1と照らし合わせると，4：身体動作のためのオプションを提供する，6：実行機能のためのオプションを提供する，8：努力やがんばりを継続させるためのオプションを提供する，のオプションが手薄である。そこで，それを補うようなオプションを組み入れるとさらに多様なニーズに応えられる学習環境となるだろう。例えば，1つは児童の能力をアセスメントし，児童自身の課題の選択に活かすことが考えられる(6.1, 6.2)。BやDのオプションを実施する際に，もし児童の現時点での理解度を測るようなアセスメントの結果があれば，その情報によりよりスムーズにグループや課題を選択することができるだろう。

　練習問題などの場面では作図が苦手な児童に対して，作図を助けるようなツール，例えば方眼紙やPCソフトウェアを用いた作図などができるようにすることも有効である（4.3）。作図においてPCを使用することに抵抗を感じるかもしれないが，今回の授業の目的が「点対称の意味を理解し作図できるようになる」ことを考えると，まずPCを利用して内容を理解し作図できるようになることは授業の目的とは反しない。こうしたオプションは，代替手段による支援，あるいは段階的支援の一環であると言えるだろう。とくにUDLにおいては，デジタル教科書，電子黒板，PCやタブレットPCなどのテクノロジーの使用が推奨されている。こうしたツールを使用することにより，児童の多様な学びに応える環境をより容易に生み出すことができるのである。

　また個別作業の時間が多くを占めるので，解いている課題の難易度ごとにグループになり協同で問題に取り組むなどのオプション（8.3）も良いアイデアである。こうした取り組みに伴って，評価の際に紙ベースのテストだけではなく，他のツールや手段を用いた場合も評価の対象になるようにする工夫（7.3, 8.2）も必要となるだろう。

6 おわりに

　このように，ごく一般的に見られる授業に UDL のフレームを導入することで，より多様なニーズに対して対応することが可能となる。

　そのためにはこれまでの授業の暗黙の枠組みを見直す必要があるだろう。一斉授業のスタイル，板書，発言の仕方，こうした点について UDL の観点から大胆に見直すことが求められるのである。一方で，例に挙げられた実践についてこうした方法は以前からあったではないか，と思う読者もいるだろう。繰り返しになるが，UDL のフレームで重要なことは，多様なニーズを予測して事前に準備し，全ての学習者がその環境を利用できることである。そうした点では，UDL を取り入れた実践はこれまで行われてきた実践方法と関係の深いものもあり，その意味づけが異なっているだけだと考えることもできる。逆の見方をすれば，少し視点を変えて今の実践の意味づけを変えていけば，明日からでも UDL は実践することは可能であるとも言えるだろう。

【引用・参考文献】

アラン・ダイソン（1999）インクルージョンとインクルージョンズ―インクルーシブ教育の理論と言説．ハリー・ダニエルズ，フィリップ・ガーナー（編著），中村満紀男，窪田眞二（監訳）（2006）世界のインクルーシブ教育．明石書店．102-135．

バーンズ亀山静子（2013）アメリカの学校の現状から―多重支援モデル臨床心理学 77. 614-618. 金剛出版．

廣瀬由美子（2010）授業におけるカウンセリングマインド．桂聖，廣瀬由美子（編著）．授業のユニバーサルデザイン Vol.2.30-32. 東洋館出版社．

坂本啓治（2012）心地よいバリアフリー住宅をデザインする方法．P8. エクスナレッジ．

UNESCO(1994)The Salamanca Statement and Framework on Special Needs Education. UNESCO,Paris,paragraph2,viii-ix.

UNIVARSAL DESIGN FOR LEARNING (UDL) GUIDELINES V1.0（日本語翻訳 金子晴恵 バーンズ亀山静子）http://harue.no-blog.jp/udlcast/files/udl_guidelines_1_0_japanese.pdf（2014 年 5 月 30 日現在）

第3章

協同学習で取り組む
ユニバーサルデザインな学び

涌井　恵

1　学び方は一人ひとり違っている

　あなたは知らない場所へ行くとき，何を手がかりにするだろうか？　①地図を見る，②人に言葉で説明してもらう，③道でその都度人に聞く，④同じ場所に行きそうな人に付いて行く——。著者の場合，たいてい③か④である。読者の中には①や②を選ぶ人もいるかもしれない。どんな説明が理解しやすいかは人それぞれ違っている。そう，授業も同じである。言葉で説明した方がわかる子，図や絵と一緒に説明してもらった方がわかる子，全体像をぱっと示してもらった方がわかる子，順番を追って説明された方がわかる子，子どもたちの学び方は一人ひとり違っている。一般的な成績の子どもも，優秀な成績の子どももそうである。これを踏まえて，著者はユニバーサルデザインな授業を以下の様に定義している。

> ユニバーサルデザインな授業とは，すべての子どもがわかる・できることを目指した授業であり，一人ひとりの学び方の違いに応じて，いろいろな学び方が選べる授業である。

　では，いろいろな学び方が選べる授業をどのように作っていったよいのだろうか。その答えの一つが，協同学習（cooperative learning）の手法を用いた授業である。

2 協同学習は本来, ユニバーサルデザインな指導技法である

　協同学習とは, チームで何か協力しないとできない課題を学習の中に組み込むことで, 子どもたちの学力のみならず, 社会性や仲間関係の改善に効果のある指導技法である(Johnson, Johnson, Holbec, 1994)。また, 競争ではなく協力や, 協同, 協働に価値をおく教育理念でもある。単にグループで作業するだけでは協同学習とは呼ばない。目標を共有し, その目標のために役割分担し, 互いが協力し合い, 成果を共有するチームとなることが, 協同学習では求められる。協同学習とは, チームで何か協力しないとできない課題を学習の中に組み込む技法である。一人ひとりに役割分担が求められるが, その内容はその子どもの学習ニーズや個性や学び方にあわせて個別に設定することも可能である。このことから, 協同学習は生来的にユニバーサルデザインな指導技法であるといえる。

　しかも, 諸外国では, 障害のある子どもが同じクラスの仲間として, 障害のない子どもと同じ教室で学ぶというインクルーシブ教育場面における有用な指導技法として, 重要視され, 活用されている (Meijer, 2001; Janney & Snell, 2006)。その理由の一つは, 男子のみ, 女子のみ, あるいは成績の似かよったグループのような同質集団ではなく, 多種多様なメンバーが混在したグループ編成で行った方が, 協同学習の効果が高いからである (Johnson & Johnson & Holbec, 2002)。もう一つは, 協同学習では, 一人ひとりの多様性に対応した学習課題を設定しつつ, チームとしての協力を促すことで, 学級集団を育てていくことが可能である, つまり, 教科学習を通して仲間関係を育て, 学級づくりができるからである (西川, 2008; Janney & Snell, 2006)。

　特別な支援の必要な子どもがいる学級では, たとえば, 書字障害のあるAちゃんだけがワープロで作文を書けるといったバリアフリー的な支援にしろ, ワープロでも, 手書きでも誰でもどちらを選んでよいとするユニバーサルデザイン的な支援にしろ, それをスムーズに実施するためには, 障害の有無だけでなく一人ひとりの多様性を受け容れられる学級集団の育ちが必要である(高橋, 2004 ; Janney & Snell, 2006)。「Aちゃんだけひいきだ」とクラスメイトから揶揄されたり, あるいは, 特別な支援の必要な子どもが自分への支援を「特別扱い」として嫌がったりする背景には, こういった学級集団の育ちの有無がか

かわっているのである。

　学習支援もしながら学級づくりも行える協同学習は，インクルーシブ場面にまさにうってつけの教育技法であるといえる。

　しかし，残念なことに，実際の協同学習の実践場面では，国語にしろ，算数にしろ，社会にしろ，学習課題が話し合いやプリントへの記入といった言語的な能力を駆使するものばかりに偏る傾向があるように見える。読む，書く，話すといったことにハンディを持っている発達障害の子どもたちにとっては，できないことがより仲間たちに強調される場面になりかねない。これでは，協同学習が持つ本来の効果を発揮できない。

　そこで，筆者は一人ひとりの多様な学び方を尊重できるという協同学習の利点を活かすため，「学び方を学ぶ」授業と協同学習を組み合わせて実践していくことを提案している。

3 「学び方を学ぶ」授業で子どもに教えるマルチ知能と「やる・き・ちゅ」の力

　「学び方を学ぶ」授業では，マルチ知能の8つの力と「やる気」，「注意」，「記憶」の3つの力の計11の力について取り扱う。マルチ知能というのは，「言語的知能」，「論理数学的知能」，「空間的知能」，「身体運動的知能」，「音楽的知能」，「対人的知能」，「内省的知能」，「博物的知能」の8つのことで，ハーバード大学の心理学者ハワード・ガードナー氏が提唱したものである。

　このマルチ知能の原語はmultiple intelligencesである。これは，多重知能，多重知性，多元的知能，マルチ能力，マルティプル・インテリジェンスと翻訳されたり，あるいは英語の頭文字をとってMIと記されたりもしているが，すべて同じもののことである。

　子どもたち，特に小学校低学年の子どもには「知能」という言葉は難しいので，「マルチの力」，「マルチピザの力」などといって説明する。図3-1に「『学び方を学ぶ』授業で扱う8＋3＝11の力-『マルチ（知能の）ピザ』と『やるきちゅトリオ』-」を示した。

　マルチ（知能）のピザは，学習障害の専門家であり教師経験のあるトーマス・

アームストロング氏が考案したもので，ガードナーが提唱した8つのマルチ知能を「ことば」「かず」「え（絵）」「体をつかう」「おんがく」「人」「じぶん」「しぜん」という子どもたちにも理解しやすい平易な表現へ変え，またピザの形に配置したものである（Armstrong, 2000）。

マルチ知能について子どもに理解させる際，次の2点をおさえておく。まず，①マルチ知能の8つは，たとえば，「この課題のときは『ことば（言語的知能）』を使う」という一対一の関係ではなく複数の力を活用しており，またその方が学習の理解と定着が進むということ。そして，②マルチ知能のピザの「ことば（言語的知能）」は国語，「体をつかう（身体・運動的知能）」は体育，「かず（論理・数学的知能）」は算数などと，マルチ知能の力が教科に対応しているという理解は間違いであり，様々なマルチ知能を活用できるし，しているということである。たとえば，国語の群読では，「ことば」の力のほか，口を動かすという「体をつかう」力や，友だちとタイミングを合わせるという「人」の力も使っている。子どもたちに最初にマルチ知能について説明するときは個々の力とある課題を対応させて説明してもよいが，ある課題とあるマルチ知能の力を一対一対応し

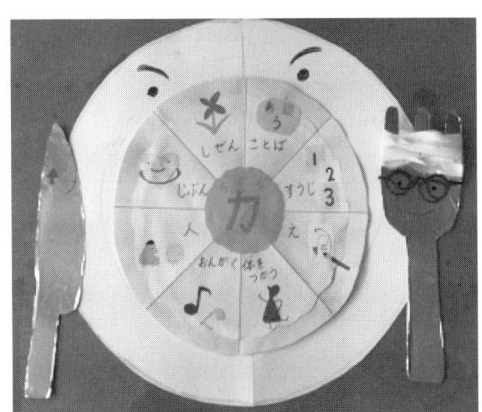

図3-1 「学び方を学ぶ」授業で扱う8＋3＝11の力
　　　——「マルチ（知能の）ピザ」と「やる・き・ちゅトリオ」——

※お皿は「やる気」，フォークは「記憶」，ナイフは「注意」を象徴化したものである。
※中央のピザはアームストロング著「マルチ能力が育む子どもの生きる力」小学館（2002）を参考に作成
※教材作成は杉村徳子氏，三浦真子氏

ていると誤解しないよう気をつける。ある課題とあるマルチ知能の力を一対一対応させるのではなく，複数の力が使われていることを前提に，この課題では自分はどんな力を使って勉強したか，ふりかえりをさせることが重要である。

　マルチ知能の８つの力の他に，「学び方を学ぶ」授業では，さらに，発達障害のある子どもたちが苦手としている「やる気」「記憶」「注意」（この３つの力を合わせた名称を「やる・き・ちゅ」とする）についても取り扱う（前掲の図3-1を参照）。８つのマルチ知能のそれぞれは，ある学習をしているときに使う力もあれば，使わない力もあるけれども，「やる気」，「記憶」，「注意」の３つはどんな学習の時にもいつも使う力である。

　図3-1にあるお皿は「やる気」，フォークは「記憶」，ナイフは「注意」を表している。「やる気」は学びを下支えしてくれる土台となるものである。いくら優れたマルチ知能の力を持っていても，「やる気」がなければ学ぶ気になれず，学習は進まない。このことを，ピザをしっかりと受け止め支えるお皿のイメージで表した。また，「注意」とは必要なものや重要なものを切り出し，注目する力のことであり，ナイフのイメージと重ね合わせた。また，「記憶」は，学習した内容を取り込み，憶える力のことで，フォークで学んだことを食べる，すなわち取り込むというイメージと重ね合わせた。このようなイメージ化により，小学校１年生でも「やる気」「記憶（子どもには"取り入れる"または"覚える"と伝える）」「注意」という概念を理解させることができる。

　CAST（2011）は，「学びのユニバーサルデザイン・ガイドライン ver. 2.0（以下，UDL ガイドライン）」の３原則として，多様なニーズをもつ多様な学習者の認知特性に合った学びを提供するために，①学習内容を提示する方法をさまざまに工夫すること，②学習者が学習した内容を表現する方法をさまざまに工夫すること，③学習者がやる気をもって学習に取り組み続けられる方法をさまざまに工夫することを挙げている。これらを参考にしつつ，「学び方を学ぶ」授業の内容は考えられているが，特別支援教育や心理学用語には詳しくない通常の学級担任であっても，直感的に理解しやすく活用しやすくしかも，子どもも理解可能なものを，という考えから，マルチ知能と「やる・き・ちゅ」を採用している。学級全体で，どのような学び方があるのか共有することを通じて，どんな学び方がうまく行くのかをふりかえるメタ認知の力を子どもたちに育てる

協同学習で取り組むユニバーサルデザインな学び 第3章

ことができるし，自然と教師もマルチ知能と「やる・き・ちゅ」の観点を指針として，様々な学び方を念頭においたユニバーサルデザインな授業を考えられるようになる（涌井, 2012）。

4 「学び方を学ぶ」授業と協同学習を組み合わせた実践

　田中・涌井（2012）は，小学校中学年の学級において，「学び方を学ぶ」ミニレッスンと協同学習を取り入れた漢字学習を行っている。毎時間，授業の最初に5～10分のミニレッスンを行い，少しずつ学び方（マルチ知能ややる・き・ちゅ）を教えていく。その後，新出漢字を習得するために，漢字練習を行う。この場面では，「クラスのみんなが合格点（前半は90点，後半は100点）を取る」という目標を達成することを子どもたちに求めた。その際，誰とでも，あるいは一人で漢字練習してもよいという設定であった。次に漢字の小テストを行い，最後に「ふりかえり」として，本時の学び方をふりかえり，次時の学び方を考える時間を取った。

　ミニレッスンでは，「家ではどんなふうに漢字練習してきた？」と尋ねたところ，「ノートにたくさん書いた」「漢字ドリルを見て，ノートに書いた」というように，マルチ知能でいうところの〈ことば〉や〈じぶん〉の能力を使った

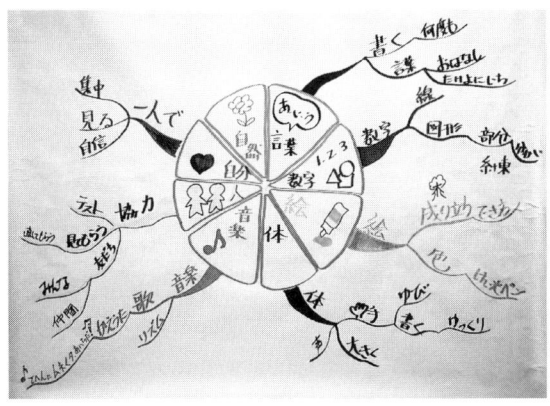

図3-2　学び方のミニレッスンにおいて作成したマルチピザのマインドマップ（田中・涌井, 2012）

覚え方が多く出されていたが，しだいに，別の方法も出てくるようになってきた。「家の人に問題を出してもらった」という発言があり，その学習方法は，『テスト方式』と名付け，〈ひと〉に分類した。これらの漢字の覚え方をマルチ知能8つの力に分類しながら，模造紙に書いたマルチピザにマインドマップを使って書き込んでいった（図3-2）。

　漢字練習の時間には，一人でノートに何度も書いている子，となりの子とペアになってノートを見合っている子，仲良しの子と机を動かして向かい合って難しい字を話し合っている子，友だちを募って7，8人のグループを作って問題を出し合っている子など，さまざまな姿が見られた。また，いつもは周りより遅れることが多かった要配慮児童には，漢字学習の場面では漢字を教える側の立場として，友達とかかわる様子が数回みられた。

　ふりかえりで使ったノートやワークシートの記述を見てみると，実践の後半から「テスト方式」「歌で覚えた」「音楽で覚えた」「でっかく書く」「自分・人・体・絵の力を使った」などの，多様な学び方を意識している言葉が見られるようになった。また，「次は同じ列の人と多ぜい（大勢）でやりたいです。なぜかというと，多ぜい（大勢）の人とやった方が考えがいろいろあって，もっとじょうたつしそうだからです。あとほかの人の考えやしつ問をきけば，その人たち全員が100点をとれそうだからです。それと次はいけんやしつ問をみんな，どんどんいって苦手な人も楽しく，自身（自信）をもってやってほしいです」といった，仲間意識や協同意識，また人の多様性の理解が伺われる記述がみられた（カッコ内は著者が加筆したもの）。

5　まとめ

　このように，学び方を教え，子ども同士で学び合う協同学習を活用すれば，ユニバーサルデザインな支援のすべてを教師一人が用意する必要はない。子どもたちの学び合い，支え合う力を借りることができる。どんな学び方をしているのかについて，子ども同士でやりとりし合う中で，自分に合う学び方を見つけることはもちろん，他児にとってわかりやすい学び方もみつけられ，教え合うことができるだろう。

知識・技術が日進月歩で更新されていく知識基盤社会では，知識そのものよりも新しい知識を取り入れ活用する方法を身につけること，つまり「学び方を学ぶ（learn how to learn）」ことが重要になってくると指摘されている（Oliverio, 2001; Education Council, 2006）。「学び方を学ぶ」ことは，典型発達の子どもたちにも，また発達障害のある子どもにとっては自分の認知特性を理解する自己理解という面からも，大変重要なことであるといえる。

　2010年に閣議決定された「新成長戦略」や，同年の文部科学省による「教育の情報化ビジョン」において，21世紀を生きる子どもたちに求められる力を育む教育として，子ども同士が教え合い学び合う協働的な学びを創造していくことが提言されている。このように，学び方を教え，子ども同士で学び合う協同学習の実践は通常教育の今後の潮流にも適っているといえる。今後は，実証的な実践研究を蓄積し，詳細な効果を明らかにしていくことが必要である。

【引用・参考文献】

Armstrong, T. (2000) Multiple Intelligences in the Classroom (2nd Ed.). ASCD publications, Alexandria, VA. 吉田新一郎訳（2002）:「マルチ能力」が育む子どもの生きる力，小学館.

CAST (2011) Universal Design for Learning Guidelines version 2.0. Wakefield, MA: Author.

Education Council (2006) Recommendation of the European Parliament and the Council of 18 December 2006 on Key Competencies for Lifelong Learning. Brussels: Official Journal of the European Union, 30. 12. 2006.

Janney, R. & Snell, M.E. (2006) Social Relationships and Peer Support. Paul H. Bookes Publishing Co., Baltimore, Maryland. 高野久美子・涌井恵監訳（2011）:子どものソーシャルスキルとピアサポート―教師のためのインクルージョン・ガイドブック，金剛出版.

Johnson, D. W., Johnson, R. T., Holubec, E. J. (1994) Cooperative learning in the classroom. ASCD, Alexandria, VA.

Johnson, D. W., & Johnson, R. T., & Holbec, E. J.(2002) Circles of Learning: Cooperation in the Classroom(5th Ed.). Interaction Book Company. 石田裕久・梅原巳代子訳（2010）:学習の輪 改訂新版―学び合いの協同教育入門，二瓶社.

Meijer, C. J. W. (Ed.) (2001) Inclusive Education and Effective Classroom Practices. European Agency for Development in Special Needs Education.

西川純（2008）気になる子の指導に悩むあなたへ―学び合う特別支援教育，東洋館出版社.

Oliverio, A. (1999) L'arte di imparare. BUR Biblioteca Univ. Rizzoli. 川本英明訳（2005）:メタ認知的アプローチによる学ぶ技術，創元社.

高橋あつ子（編）（2004）LD、ADHDなどの子どもへの場面別サポートガイド―通常の学級

の先生のための特別支援教育，ほんの森出版．
田中博司・涌井恵（2012）ミニレッスン形式の「学び方を学ぶ授業」と漢字の『学び合い』，p.26-30. 涌井恵（編著）（2012）発達障害のある子どももみんな共に育つユニバーサルデザインな授業・集団づくりガイドブック．（平成 21-23 年度科研費若手研究（B），課題番号：21730730，研究成果物Ⅰ）http://www.nise.go.jp/cms/resources/content/389/20130508-172047.pdf（アクセス日：2014 年 5 月 29 日）

涌井恵（編著）（2012）発達障害のある子どももみんな共に育つユニバーサルデザインな授業・集団づくりガイドブック．（平成 21-23 年度科研費若手研究（B），課題番号：21730730，研究成果物Ⅰ）http://www.nise.go.jp/cms/resources/content/389/20130508-172047.pdf（アクセス日：2014 年 5 月 29 日）

第4章
教科教育における「授業のユニバーサルデザイン」

阿部利彦

1 はじめに——ユニバーサルデザイン化された授業の「5つの特徴」

　ここ数年,「授業のユニバーサルデザイン」や「学びのユニバーサルデザイン」といった言葉が,通常学級の中で急激に広まりつつある。

　2012年の文部科学省の調査により,"通常学級に在籍する"発達障害の可能性のある特別な教育的支援を必要とする児童生徒が6.5%いることが報告され,さまざまな支援ニーズを持つ子どもたちがいることが明らかになった。

　そのため,「より多くの」子どもたちにとって,わかりやすく,学びやすく配慮された教育のデザイン化,中でも教科教育をユニバーサルデザイン化(UD化)していくことは,発達障害のある子をはじめとするさまざまな支援ニーズを持つ子がいる通常学級において喫緊かつ重要な課題であると言えるだろう。

　UD化された授業というのは,ワクワクさせたり興味を抱かせたりする要素が盛り込まれた,子どもたちが自然に乗れる授業である。

　筆者は,特別支援教育と教科教育の視点を融合させ,通常学級の先生方に実践可能な授業の工夫の仕方について研究しているが,全国各地の学校で授業を観察・分析していく中で,UD化された授業には「ひきつける」,「むすびつける」,「方向づける」,「そろえる」,そして「『わかった』『できた』と実感させる」という5つの特徴があるということに気付いた。

　授業のUD化については,各教科教育で多くの報告,文献が世に出されているが,包括的な見地からUD化された授業というものの特徴や不可欠要素を分析したものはまだ少ないと言える。そこで,以下,UD化された授業における「5つの特徴」について詳しく紹介したい。

2 特徴1:「ひきつける」授業

(1)「視覚化」でひきつける

　飽きっぽい子,集中できない子をひきつけるには,基本的には視覚化が有効であると言われている。読者の中にも,授業で視覚的な工夫を心がけている先生は多いことだろう。

　小学校1年生の国語で扱う単元にある「たねのたび」の例で言えば,タンポポ,オナモミ,ナナカマド,カエデなど教科書の写真を拡大したものを,授業の冒頭にずらっと黒板に貼ることが多い。すると,子どもたちは最初強い関心を示してくれるが,途中から飽きてしまい見てくれなくなる子どもも出てくる。

　もちろん,授業の中で視覚化する努力をするのはとても大切なことだが,ただ,写真を拡大して並べて貼ればOK,という視覚化ではなく,UD化された授業としてはもうひと工夫が求められることになる。

　具体的には,「情報の整理」として「手がかりの吟味」ということが挙げられる。黒板に貼られたオナモミの写真,たとえそれが,ただ一枚の写真であっても,そこに含まれる情報量が多すぎると,どこに着目したらいいのかわからない子どもが出てくる。「この植物たちのどれがオナモミなのか」とか,「どの部分に注目したらいいんだろう」などと混乱してしまうのだ。

　そこで,ポイントを浮き上がらせる,写真もよりシンプルなものを選ぶなど,情報を整理して子どもを混乱させない配慮が必要になるのである。

　　特徴1「ひきつける」授業
　　特徴2「むすびつける」授業
　　特徴3「方向づける」授業
　　特徴4「そろえる」授業
　　特徴5「わかった」「できた」と実感させる授業

図4-1　UD化された授業の「5つの特徴」

教科教育における「授業のユニバーサルデザイン」 第4章

（2）「演出」でひきつける

　また，UD化された授業には，「見たいなあ」と思わせる資料の提示の仕方や，子どもにモチベーションを持たせる「演出」についても工夫がみられる。

　たとえばADHDのある子どもなどは，一瞬「チラッ」と見せた方が興味を持つことが多い。フラッシュカードを一瞬だけ見せると，「何それ？　見せて！」ととても興味を示してくれる。そこで「その前にこの課題やり終えてくれる？　そしたら見せるから」などと言うと，進んで課題をやってくれたりもする。

　問いかけの手がかりとして，提示物を部分的に見せたり，瞬間的に見せたりすることは，視覚的にもより効果的だと言える。

　また，これは当たり前のことではあるが，視覚的手がかりとの距離が遠いと，混乱してしまう子もいる。刺激（視覚的手掛かり）との間に友だちの頭などの妨害刺激が多くなるためである。「刺激の前方にはよけいな刺激を置かない」「注意集中が困難な子どもは，前方に座らせる」という配慮は，理にかなっているのだ。

　さらにその手がかりを「見たい」と子どもたちに思わせることは重要なポイントである。モチベーションが，見る「注意」を支えるのだ。

　ほかにも視覚的な工夫としては，パワーポイントなどのアニメーション機能を使用する，ネット上にある動画を使用する，など，写真やイラストといった静止画だけではなく，動きのあるものでひきつけるやり方も有効だろう。とくに，何もないところから突然出てきたりする刺激には，子どもはよく食いついてくれる。

- 授業の流れに沿って順に出現させる（見せない視覚化＝ステルス型視覚化）
- 視覚的情報を厳選し，焦点化する
- 提示刺激との間に妨害刺激が入らないよう，なるべく近距離で提示する
- その刺激が子どもにとって，効果的であるかを吟味する

図4-2　視覚的手がかりの効果的な提示

3 特徴2：「むすびつける」授業

　昨今，その日の授業のテーマと自分をむすびつけることや，AとBの事柄をむすびつけること，具体から抽象へむすびつけることなどが苦手な子どもたちが，とても多くなっている。

　「今日勉強する内容と，自分にはこういう関係があるんだな」と思わせる取り組み，授業を身近に感じさせるということはとても大切である。「自分に関係ないや」と感じたら，子どもは興味を持たなくなってしまう。

　授業の内容とその子を「むすびつける」方法としては，子どもが関心のある分野・得意な分野にむすびつけていくやり方や，今まで学んできたこと，子どもたちが知っていることを通じてむすびつけていくやり方などがある。

　たとえば，授業の冒頭におさらいをして，「前回こういうことを勉強したね。そこから今日勉強することはこういうふうにつながるんだよ」と説明してみる。わかりやすい言葉やイメージしやすい言葉を選び，言語でむすびつけて理解しやすくする。

　子どもの「それ，知ってる！」という言葉は，非常に重要なキーワードだ。自分が知っている事柄が含まれていると，どの子も授業に参加しやすくなる。「興味のスイッチ」が入れば，その次からの授業にも前向きに参加してくれるかもしれない。

　したがって，前述した「視覚化でひきつける」という手法も，導入部分で使用する。授業中ずっと視覚刺激を追いかけさせるのではなく，その後は言語活動でふくらませていく。

　子どもたちは，むすびつけることによって，行動と気持ち，主語と述語，問いと答えの関係，あるいは本論と結論の関係をつかむことができ，論理的なつながりが理解しやすくなる。

　UD化された授業では，クイズ形式の問いや間違い探し（わざと段落を入れ替えて黒板に掲示する，登場人物の話し言葉を入れ替えておく，など）を取り入れることも多いが，それはただ面白くするために入れるのではない。要点にあたる部分を"わざと"変えて，そこが違うのはどうしてかを子どもに発言させるというように，本質的なところに仕掛けを作るのである。ある部分がわざ

と抜けている仕掛けでは、それを追うことでポイントをつかむことができる。

　段落を入れ替える場合も、上手にUD化された授業を行う先生は、適当に段落を入れ替えるのではなくて、全体が意図を持った仕掛けになっており、探したり考えたりしていきながら、最後に答えにたどりつくような工夫をしている。そのための手がかりであり仕掛けであると意識して、授業が進められている。

　また、むすびつけるのが上手な先生というのは、自分が持ってきた言葉を軸に使わないことも特徴だ。算数の計算問題を扱っているとき、クラスの誰かが、「これは中途半端だと思う」という言葉を口にしたとしたら、すかさずその言葉を捉えて軸にしていく。「〇〇さんが、『このままじゃ計算が中途半端ですっきりしない』と言っているのはどういうことなんだろう？」と、子どもたちが発した言葉でつなげていくのだ。

　「〇〇についてどう思いますか？」などの先生があらかじめ用意してきた言葉は極力用いず、子どもたちの中から生まれた言葉や考えをふくらませて、つなげていくことが大切なのだと、現場の先生方の取り組みを見ているとつくづく感じる。

4　特徴3：「方向づける」授業

　どんな教科でも、授業では、子どもたちの理解をぶれさせないための「方向づけ」を行う必要がある。このとき、操作的でない形で子どもたちを方向づけてあげるためには、問いにも工夫が求められる。

　逆に、方向づけられない問いというのはどういう問いかと言えば、「あいまいな問い」である。「何か気づいた人？」「工夫して計算しなさい」「計算の決まりを見つけましょう」などの問いは漠然としすぎている。

　「スーパーマーケットはどんな工夫をしていますか」といきなり聞かれても、問いの範囲が広すぎて、何に的を絞って答えればいいのか子どもたちは悩んでしまう。こういったあいまいな問いかけでは、子どもたちの理解のばらつきを起こしてしまい、方向づけがうまくいかない。

　考えさせることと戸惑わせることは違う。「方向づける」というのは、つまり、

子どもを「戸惑わせない」ということである。

　各地で授業を見せていただくと，こんな光景をときどき目にする。「今，先生はいったい何について聞いたのだろう？」と，大人でも意図がわかりにくい問いかけが発せられることがある。子どもたちの方が必死に先生の問いの意味を推し量っていて，まるで立場が逆転してしまっているのではないかと感じることも時に生じている。

　ある地方の小学校で二年生の授業を見せていただいたときのことである。低学年くらいの子どもたちというのは，皆先生のことが大好きで，先生に好かれたくて仕方がないので，わかりにくい問いでも，先生が喜びそうな答えを一生懸命考えて発言することが多い。筆者が見学したクラスにもそういった子が多かった。そのうち，ある子が間違った答えを言ってしまい，先生に間違いを指摘された。すると，その子は間違えたことに失望するのではなくて，先生が期待した言葉を言えなかった自分に失望してしまっていた。大人が落胆したときのような深い溜息をつき，「ああ，先生をがっかりさせちゃった……」と自己嫌悪で落ち込んでいたのだ。

　そんな健気な子どもたちの姿を見ていると，このような授業の構造は決して望ましいものではないと思われた。先生があいまいな刺激を出し続けていると，子どもたちは常に大人の顔色を読まなくてはならないことになってしまう。それは子どものそだちの面からも避けなくてはならないことだろう。

　表4-3に，これまでの「方向づける」ためのポイントをまとめた。「方法1」は，1コマの授業の中に欲張ってねらいをいくつも設定したりせず，少なく絞り込んでそこに到達させるやり方である。「方法2」は，吟味された問いを提示し，それに答えさせることによって方向づけるやり方，そして，「方法3」は，子どもの誤答が出たときに，なぜそういう誤答が出たのかをみんなで考えさせるというやり方だ。

　子どもが間違えたときや，先生の意図しないことを言ったときに，「違うよ。正しくはこうだよ」と無理に方向修正し，正答を押しつけることは，子どもの学びのチャンスを奪うことになる。間違った答えに陥りやすいポイントを学級全体で解明することによって，より確かな理解が深まる。

　この学びは，間違った答えが現れたからこそ可能となるため，誤答を示した

子どもを認めることにもつながる。間違えた子どもも肯定できるという点がポイントである。「子どもの間違いは宝の山」という捉え方である。

5 特徴4：「そろえる」授業

　本節で紹介する「そろえる」という点が，UD化された授業の一番の特徴的ポイントであろう。これは，授業の途中で全体の理解にばらつきが見られたときに，そこで止まって理解度をそろえるというものである。

　筆者がこの概念を他の先生方にお話ししたところ，「今までそんなことを考えたことがなかった」という先生がとても多かったことに驚かされた。

　UD化された授業で，子どもたちの理解度を先生たちがどう見立てているかというと，子どもたちがうなずいたり，首をかしげたり，口を動かしたり，隣の子と話したり，そういった理解を示すサインを見逃さずに捉えているのである。その上で，自信がなさそうな子どもや理解が不十分な子どもを主体に，「わからせる取り組み」を進めているということがわかる。

　また，授業中の子どものつぶやきや感動詞，「エッ？」「オッ！」といった言葉も必ず拾っている先生が多い。そういう瞬間こそ，一番感情が動いて展開しているときであり，上手な先生は，そこですかさず「今何考えたの？」と問いかけて，それを子どもに言語化させていく。

　そうやって子どもたちの理解をそろえていくわけだが，授業を共有化し，そろえるということは，全員で教科書を音読したりして形だけをそろえることではなく，「共通の何かをつかませる」ということである。

　イメージをそろえる場合には，挿絵や写真，動画を見せたり，「動作化」といっ

方法1　授業のねらいを絞って方向づける

方法2　教師の「なげかけ」で方向づける

方法3　子どもの間違いを整理しながら方向づける

図4-3　授業を「方向づける」ための方法

て登場する人や動物の動作をみんなで真似たり，役に分かれて劇化したりしながら内容理解を共有していく。

　最初，「ここまでで，わかった人？」「わからない人？」と聞いて挙手させると，「わからない人」に手を挙げる子がいない場合がある。しかし，「みんなわかったの？　じゃあ，〇〇さん説明してみてください」と一人を指名したところあまり上手く説明できなかった，というような場面を経て再び全体に聞いてみると，「わからない人」に何人かが手を挙げるようになる。そのとき，先生がたとえばこのような言葉かけをするのだ。「先生は，君たちに言いたいことが上手く伝わっているかわからないから，わからないときはそんなふうに手を挙げてくれると，すごく助かるよ」と。

　個々の理解の度合いがわかったら，次にペアでの話し合い活動を取り入れる実践がある。ADHDタイプの子どもなどは，グループよりペアで話し合った方が思考を深められる。これは，友だちと話し合うと，一人で考えるより多くの情報を習得できるが，グループ単位の話し合いでは，ADHDタイプの子には情報量が多すぎることがあるためである。

　方法としては，まず全員を起立させて，ペアで話し合いをさせ，理解が深まったら，わかったペアから着席させていく，というものである。

　そのような小刻みな表現活動を使ってそろえるやり方のほかに，「モデル発言」を使う方法もある。一人の子が発言をしている場面で，先生がいったん止め，「ありがとう，まずそこまででストップしてくれる？　じゃあみんな，〇〇さんが言いたかったことの続きはなんでしょう？　〇〇さんはこの後何と答えると思いますか？」と，問いかけて，それぞれに考えさせるという方法である。そうやって発言の続きを考えさせてから，また本人に続きを発言してもらい，「どうでしたか？　合ってた？」という具合に補完させていくのである。

　「他の人の意見をよく聞きなさい」と強いるのではなくて，他の人の意見に付け足したくなるようにして気持ちや理解をそろえていく，ということを「モデル発言」を使って行っているわけである。

　またある先生は，冒頭からクラスの子どもたちの意識をそろえていき，その際に，場合に応じて2通りのやり方をしている。1つは，絶対誰にも解けないような難しい問題をわざと出して，「ええっ？　そんなの無理だよ！」と子ど

もたちに言わせ，みんながまったくわからないという出発点から始める方法。もう1つは，逆にすごく簡単な，全員が答えられるような基本的な問題で問いかけて，みんなが知っているところにスタートラインをそろえる，という方法である。どちらも子どもたちの意識をそろえるには有効な方法だ。

6 特徴5：「わかった」「できた」と実感させる授業

　授業のUD化に取り組んでいる現場の先生方の中には，授業に「ワクワク感」や「ドキドキ感」，「皆でできた感」をプラスすることに力を注いでいる先生が非常に多いと感じる。授業の最後に，子どもたちに「達成感」や「満足感」を与えること，これがUD化された授業の5つめのポイントである。

　とくに，授業の最初の頃にはまっすぐ手を挙げられなかった自信なげな子や，不安そうにしていた子に，「できた」と感じさせるところを到達点としている先生の授業は，子どもたちも乗っていて，非常に魅力的なものになっている。ただスタイルを取り入れるだけでは，UD化にはならないのである。

　上手にUD化された授業を進める先生は，「これを覚えなさい」とか，「こうしなさい」という押しつけをしていないように思う。そういう押しつけの言葉を使わないことで，子どもたちも自分たちの発言で授業が進んでいると感じられ，他人の意見もよく聞いてくれるようになり，そのうち，「○○さんの言いたいことはこうだと思います」というように，他者の考えを推し量れるようになっていく。

　課題の解き方を見つけた子に説明をさせたり，どうしてそう考えたのかを他の子が想像したりすることで，クラス全員が考える活動に参加できる。そのと

①先生の誘導によってでなく「自分たちでやり遂げた」と感じさせる
②達成できたことについて，仲間に認めてもらう機会を作る
③学習したことを活かすチャンスを作る

図4-4　多くの子に「わかった」「できた」と実感させる授業

きに「わかった感」や，発見する楽しさや喜びを共有できるようにしていく。これを筆者は「すっきり感の共有化」と呼んでいる。

授業自体が，まるでクラス全体で行うソーシャルスキルトレーニングのようになっているために，自閉傾向がある子どもであっても，他の子どもがどう思っているかを推理しようとしてくれるようになるのである。

また，指名するときも，ただ名前を呼んで当てるのではなく，以下のような「ほめ言葉」を添えれば，子どもたちが認められたと感じることのできる機会を自然に作ることができる。

「先生の話をよく聞いていたＡさん」
「姿勢がよく静かに手を挙げているＢさん」
「ノートに丁寧にまとめていたＣさん」
「いい話し合いをしていたＤさんとＥさん」

UD化された授業では，先生は目の前の子どもの反応を見ながら，理解度に合わせて，声かけ，教え方，当日の授業の内容さえも時にいさぎよく変えている。たとえば，授業の最初に子どもたちの基礎的な理解が不十分だなと察知した時点で，たとえ自分が資料を準備してきたとしても，それをいったんリセットして，「じゃあ今日は前に勉強したことのおさらいからやろうか」といった具合に変更してしまうのである。これはなかなかできないことではあると思うが，これこそが「学ぶ側の立場に立った授業」であると言えるだろう。

7 子どもの特性に配慮した授業づくり

さて，以上の特徴を備えた授業を実践するにあたって，常に考慮すべき重要なことがある。それは，「楽しい授業」「いい授業」「わかる授業」は，とくに個性豊かな子どもたちにとっては，かなりベクトルが違うものだという認識を持つことである。

たとえば，子どもの中にはドキドキするような演出に興味を持つ子もいれば，一方でそういう演出が苦手な子どももいる。

ADHD傾向のある子どもの中には，やることが分かってしまった途端に飽きてしまう子どももいるだろう。そんな子どもは，サプライズがたくさんある，先が読めないワクワク感のある展開によって集中が持続できる。

しかし，自閉症スペクトラムの特性のある子の多くは，ルーティン化された授業の流れに安心するので，視覚的なカードで授業全体の見通しを持たせることなどが非常に効果的になってくる。

ゆえに，現場の先生方は，子どもの理解度，気になる子の特性，学級の雰囲気など，目の前の子どもたちのカラーによってUD化のイメージを焦点化することが求められる。それは非常に高度な技術が必要で，一朝一夕で達成されるものではない。

このような「子どもの理解度や特性などを把握して進め方を調節する授業」というのは，筆者らが言うところの「アセスメント」に基づく授業なのだが，UD化に取り組んでいる先生方は，それをアセスメントとは言わずに，「子ども理解」と呼んでいる。その「子ども理解」には，もちろん先生の経験や技量が不可欠となる。

UD化された授業とは，見学すればどの先生にでもすぐ実践できるというわけではない。また，研究授業などでは，授業者というのは授業のことを中心に語り，特定の子たちに関してはあまり解説しないという側面もある。

だからこそ，より実践しやすくするために，UD化された授業の特徴を客観的に分析し，ポイントを取り出したり，解説したりする試みが必要なのではないかと筆者は考えている。

・授業でサプライズが必要なタイプの子
　　➡ 飽きっぽい子，好奇心旺盛な子

・先の見通しが重要なタイプの子
　　➡ 不安が高い子，ゆっくりペースの子

図4-5　子どものタイプで「楽しい授業」は異なる

8 おわりに──「UD化された授業」をUD化できているか?

　最後に，授業のUD化のための研修会や研究会などが全国各地で開催され，通常学級の先生方が意欲的に取り組まれている中で，筆者が気になっていることを述べさせていただきたい。

　それは，各地の研究会などで披露されている「UD化された授業」は，はたしてどんな先生方でも応用することができる授業なのか，すなわちその「UD化された授業」自体がUD化されているのか，ということである。

　現場の先生方は，教科指導だけではなく，数多くの日々の校務や雑務などに追われている。そのような中で準備や予習に過剰な手間ひまのかかる工夫は，たとえ子どもたちをひきつけるものでも，授業者側にとってUD化されているとは言い難い。さらに，どんなに素晴らしい授業をUD化する「仕掛け」でも，同じことを繰り返せば子どもは必ず飽きてくる。そのため，常に新たな「仕掛け」を提供していかなければならないが，はたして常にそれだけの余裕が現場の先生方にあるだろうか。

　日々を忙しく過ごしている現場の先生方に積極的に取り入れてもらえるような授業の工夫をどう提供していくか。提供していく側の方法についても「UD化」が意識されていくことが，今後，授業のUD化を現場に浸透させていくのには不可欠であるだろう。

第5章

ユニバーサルデザインの実践を支える学級経営

漆澤恭子

1 はじめに

　学校や学級における「ユニバーサルデザイン（以下，UD）」には，いくつかの解釈があるが，ここでは「どの子どもたちも豊かな学校生活をおくり，成長できるように配慮されたデザイン（設計・計画）」と大きくくることにする。つまり，いろいろなやりにくさのある・なしにかかわらず，どの子も一人ひとりの個性として尊重され，前向きにポジティブに活動できるためのデザインである。
　この中には，友だちと仲良く楽しく過ごせる学校生活や，「わかった！」「もっとやりたい！」という喜びや意欲につながる授業がある。
　それらを支える学級経営として，「児童生徒理解」，「学級集団づくり」，「環境づくり」「信頼関係の上に成り立つ担任のリーダーシップ」を挙げる。

2 適切な児童生徒理解

　UDの基本は，児童理解である。目の前の子どもたちが豊かで充実した学校生活を送れるように一人ひとりの実態を把握し，理解することから始まる。
　一人ひとりの興味や考え方，学習方法などが異なることを前提に児童生徒をとらえていくことが大切である。
　UDの実践では，その子のできること，好きなことを伸ばし，それを使いながらやりやすさを増やしていく。やりにくさの分析だけでなく，子どもたちの特性による，やりやすい方法の分析も必要である。
　また学級経営は，一人ひとりの個性を適確に理解する必要性と同時に，学級

全体の「集団としての特徴」を把握することも欠かせない。筆者らは,担任の「集団としての学級像と児童生徒の個別認識」に焦点をあてて,低学年の担任への調査を行ったことがある。担任は「学業の得意な子」を全体像では27%と捉えているのに対し,児童個々について挙げていくと59%と大きな開きがみられた。この一因は,目立ちがちな「学業が得意でない子」の印象に学級像が影響されている可能性があると考えた（漆澤・阿子島・伊澤,2012）。

学級像は,個々の児童の特徴の総合であり,本来そこに大きな差があってはならないものと考える。

学級経営の方向性や学習の進度は,学級像によって考慮されることが多いことを考えると,「集団としての特徴」をみとる力と,個々の子どもを的確に理解する力を兼ね備えることが担任には必要とされる。

さらに,学級の中でその子がどのような立場にいるか,どんな思いをもって集団に参加しているか,など集団における個の理解も欠かせないだろう。

3 一人ひとりの成長を支える学級集団づくり

どの子も,自分の目標や思いに向かって前向きに行動することをUDの実践は願っている。ここでは,子どもたちのその努力を支援する学級集団づくりについて述べる。

(1) 安心できる学級

みんなが安心できる居場所は,支持的風土のある学級である。

広島県広島市立落合東小学校の穐山和也先生は,「支持的風土のある学級」に大切なこととして以下のような項目を挙げている。

- 違いをお互いに認めあう
- 一つの価値観でなく多くの価値観がある
- 友だちの「以前と比べる物差し」がある
- 友だちのよさやがんばりが話せる
- 友だちの話に静かに耳を傾けられる

- 友だちを茶化さない
- 励ます声かけや拍手がある
- 一斉授業の中で個別の支援が特別視されない
- 自分の意見や疑問、「わからない」が言える
- 素の自分が出せて一緒に楽しめることがある
- みんなと一緒にする活動があって自分が誰かの役に立っていると思える
- 自信がないことや苦手なことにもチャレンジしてみようとする
- 失敗しても大丈夫なんだと思える雰囲気がある
- うまくいかないことがあっても，嫌なことがあってもこのクラスがいい
- けんかやトラブルはあるけれど互いに折り合いがつけられる

さらに，厳しい言葉を投げかけたり乱暴な言葉で物事を押しつけたりするなどの，子ども同士の関係がないかにも留意する。これはいじめにつながる危険をはらむ。

安心できる学級を提供することは，子どもたちのさらなる意欲への大前提である。

(2)「Be Yourself！」友だちを受け容れる学級

次に構築すべきは，友だちに受け容れられたいという子どもたちの願いを叶える学級である。

学校生活の中で求められる「集団行動」から，みんなと同じようにすることが正しいという価値観が子どもにはないだろうか？　違う考えややりかたを否定的にとらえたり，排斥したりする気持ちを生んではいないだろうか？

子どもたちは生活をともにする中で，自分にはなかった考え方や，異なる行動に接し，多くの価値観を持てるようになる。好き嫌いではなく個性として「Be Yourself！（あなたらしくそのままでいいよ）」と仲間を受け容れることで，学級に共感的な人間関係が築かれれば，子どもたちはこの学級の一員であるという所属感を得ることになるだろう。

(3) どの子にも活躍できる場や認められる場がある学級

　活躍の場や内容は一人ひとりによって違うだろう。

　しかし，どの子にも，存在や行為が認められる場，肯定的な評価を得られる場，成功体験の持てる場があることで，「自分はみんなの役に立っているんだ」「みんなが見てくれている」「あてにされているんだ」という自信を持ち，さらには「もっとがんばりたい」「人の役に立ちたい」と考えるようになるだろう。発達障害のある子の中には，周りからの高い評価で問題となる行動が目立たなくなったり，減ったりする子も多い。また，仲間に入れない，意欲がもてないなどの子どもたちに対しても，担任が意図的に場面を作り，その子の活動や努力を皆が認めるよう評価することが重要である。

　学級の中でのこれらの経験は，自分がどう行動したらいいか，どういうやり方が合っているのかを学習し，自己実現を図るためのステップでもある。

(4)「I'm OK!」自分を肯定的に受けとめ目指す自分に向けて努力できる学級

　UDの実践を支える学級づくりの中で，究極の目的とは，「自分を肯定的に受けとめ目指す自分に向けて努力できること」に尽きると考える。

　子どもたちは，友だちとの生活の中で自分への気づきも行っている。自分に自信を持つ子もいるだろうが，他と違うところのある自分や，思い通りにならない自分に否定的感情を持つ子はいないだろうか？

　しかし，周りから認められたり，「やった！」という成就感を持ったりすることで「こんなことのできる自分」や周りの人に大切にされる「かけがえのない存在である自分」を感じることができる。

　さまざまな体験を通して「こういう自分」であることを知り，受け容れ認められることで「I'm OK！（これでいいのだ）」と自己受容をする。そしてさまざまなUDの実践から自分にあったやり方行動の仕方を習得し，「こんな自分になりたい！」と前向きに考え行動し努力しようというと考える。みんなが「I'm OK！」と，いつも口にできる学級でありたい。

4 わかりやすく，行動しやすい，環境作り

　子どもたちが持てる力を最大限伸ばしていくために，やりにくさへの配慮だけではなく，以下のような全人格的な成長を見据えた環境整備が必要であると考える。

(1) 教室環境の配慮と「折り合い」

　授業を参観すると，教室内の明るさや音，温度などの調整や，やりにくさへの理解，また学びやすさや行動しやすさの特性に基づいた個々への配慮が進んでいることを感じる。刺激の調整や情報提供の際の配慮はやりにくさのある児童生徒の学習や生活には必需である。

　同時に，通常の学級ならではの，「折り合い」も必要であろう。

　たとえば，学級の中には，黒板周りの掲示物で気が散ってしまい，授業に著しく集中できない児童生徒もいるかも知れない。しかし，黒板横の掲示板の平仮名や片仮名の表や良い姿勢の写真に授業中助けられる子もいるかも知れない。通常学級では，さまざまなニーズへの「折り合い」が必要である。UDでは，ある子には必要で，どの子にもあると便利なまたは分かりやすい支援を目指すが，どの子にも有効なものがいつもあるわけではない。その時に，皆が生活しやすいための環境を考え，調整をはかったり工夫したりするのが，通常学級の担任ならではの「醍醐味」だと筆者は思っている。

(2) 豊かな人間関係作る言語環境

　言語環境は，子どもたちの豊かな人間関係やあたたかい集団の形成に深く関係している。

　一人ひとりがみんなに認められる学級作りの大切さについて前述したが，「ありがとう」や「やったね」「いいなあ」などの言葉は，認め合い尊重されているという自信を生み，学級での所属感を感じさせるだろう。

　さらに，相手に分かりやすく伝えるためには，どのような言葉を選び，どのように話したらいいか，また言語以外に気持ちを伝える手段はないか，を意識すること，そして，分からないとき，伝わらなかったとき，困ったときはどう

すればいいか，など，やりにくさのある子どもたちだけでなく全員が社会に通用するコミュニケーションスキルとして身につける必要があると考える。

また一方では，子どもたちの中で飛び交う「心を傷つける言葉」について気付かせることや，特にマイナス感情の適切な表現方法を身につけさせることも必要である。

学校，学級は，子どもたちがこれから経験する社会のミニチュアなのである。

(3) 子どもが安心して行動できるためのルール（指標）

学級におけるルールは，学習が効率良く行われること，子どもたち全員の学習が保障されること，社会に通用するマナーを身につけるためなどの目的で考えられることが多い。しかし UD の実践のためには，ルールは，子どもたちが失敗をして注意されるのではないかと不安になったり迷ったりしない，安心して行動できる手がかりと考えたい。管理するためのルールではなく，子どもたちのやりやすさを助け，ポジティブに活動できるための指標である。たとえばルールを口で言って伝えるだけではなく，絵で示すなど，子どもたちの特性に合わせてわかりやすく伝えることも大切である。

5 担任のリーダーシップがある学級

読者の中には，疑問を持つ方もいるかも知れないので，以下に，1つの事例を紹介したい。

> 計算にやりにくさを持ち，桁数の多い計算が必要な算数の課題にやる気をなくしてしまうAさんがいる。担任のB先生は，計算機をAさんに貸与する。それを見た他の児童が「自分たちも使いたい」と言い出し，騒然としてしまった。

読者の皆さんは，上記のようなケースに出会ったとき，どう対応されるだろうか？　以下は，B先生の対応である。

> B先生は，子どもたちの話を穏やかに頷きながら黙って聞いていたが，しばらくして，「ねえ，みんな……」と静かに学級に向かい話し出した。話しながら一人ひとりに笑顔を向けたり，目を合わせ頷いたりする。
>
> 「先生はね，みんなが昨日よりも今日，さっきの時間よりも今，できることが増えるように，って思っているの。できることが増えていくって嬉しいよね。でもそれはね，頑張るっていうことが必要なの。頑張るって『もう少し！』って向かっていったり，楽をしたいけどやり続けたりすることだよ」「どんながんばり方をするかはその人によって違うの」「今みんなは何がもっと出来るようになりたい？」「みんなの頑張ることは何？」
>
> 子どもたちはB先生の話を静かに聞き終えると，計算機を使うことなく，再び課題に取り組み始めた。

ここには，B先生の確かな教材研究，Aさんへの的確な理解，そして学級の子どもたちに担任の考えることが伝わる信頼関係がある。このクラスのCさんもDさんもよく注意される子だが，話をするB先生と目が合いうなずき返す姿もある。B先生のことが大好きな様子が誰の目にもよく分かる。担任の思いや願いが子どもに浸透しているのだ。

これをすべて含めて担任のリーダーシップと筆者は考える。

B先生はこの課題では計算機を使わずに計算することが必要だというぶれない視点がある。これはクラスには，そして個々にはどう対応していくかまで考えた深い教材研究によるものである。Aさんに対しては，この時間の目的を考えると計算機の使用が適当であると考えたのである。クラスの子どもたちには，計算機を使わないでやることの意味を説明しても納得できないことがあるかも知れない。それでも「今はこうしなさい」と言え，「先生がそう言うならそれが正しいんだ」「先生が言うならそうしよう」という信頼関係があるからこそ，Aさんは安心して計算機を使い，他の子どもたちは自分たちの手で計算を始める。学級経営は，担任が，何が価値あることかを看取り，判断し，担任がぶれないリーダーシップを取ることである。

6 おわりに

UDの実践が広く行われている今,必要とされる学級経営とは何か。今回,「ユニバーサルデザインを支える」という視点から,これまでの学級経営を見直した。

そこに,子どもたち一人ひとりを主役としてその個性を尊重し育てる学級経営のあり方を読みとっていただければ幸いである。

【引用・参考文献】

漆澤恭子, 阿子島茂美, 伊澤正雄. (2012). 特別支援教育をさらに進める児童理解への試案1 —通常の学級で. 日本LD学会第21回大会発表論文集, 580-581.

第6章

学校全体で取り組む
ユニバーサルデザインとは

花熊　曉

1 いま学校に求められていること

(1) 学校教育の現状

　2007年の特別支援教育の法制化から今日までのあゆみを振り返ったとき、学校現場におけるもっとも大きな変化の1つは、「特別支援教育は、障害のある子どもの支援にとどまるものではなく、全ての児童生徒の個のニーズに応えるものだ」という認識が広まったことであろう。いま、小・中学校や高校の通常の学級では、障害の有無にかかわりなく、学校生活に困難がある全ての児童生徒が特別な支援の対象とされるようになっている。

　しかし、こうした取り組みにも関わらず、学習上の困難や学校生活への適応の困難が減少したとは言えない現状で、不登校を例にとれば、この10年間、児童生徒数が減少しているにもかかわらず、不登校の子どもの数は横ばいの状態にある。また、小学校では「小1プロブレム」といった新たな問題も生じているし、中学校では生徒指導上の問題、高校では学業継続が困難で学校を中退していく生徒の問題が深刻である。

(2) これまでの取り組みの問題点

　通常の学級で特別支援の取り組みが熱心に行われているにもかかわらず、なぜ学校生活に困難を抱える児童生徒の数が減らないのだろうか。その原因として、次の3点が考えられる。

①実態把握の不十分さ

　どの学校でも全校生徒を対象に特別な教育ニーズを捉えるチェックリスト方式の実態把握を行っているが，従来の方式は「既につまずいている状態」の把握であり，子どもがつまずく前に「つまずきのリスク」を捉えるという予防的な観点が薄かった。

②学習面の支援の不十分さ

　生徒指導上の問題（行動の問題や心の問題）についてはすぐさま対応が行われるし，問題が著しい場合は，生徒指導主任を核としたチームアプローチの体制がとられるが，学習面の困難については学級担任まかせ，教科担任まかせとされていることが多く，その対応が遅れがちであり，チームで取り組むという視点も不足していた。また，学習のつまずきリスクや既に生じているつまずきへの具体的な支援方法が明確ではなかった。

③統合的なアプローチの不十分さ

　学校では，従来から学力向上の取り組みや生徒指導の取り組みが行われているが，それらが特別支援教育と密接にかかわるものである点の認識がまだ薄く，

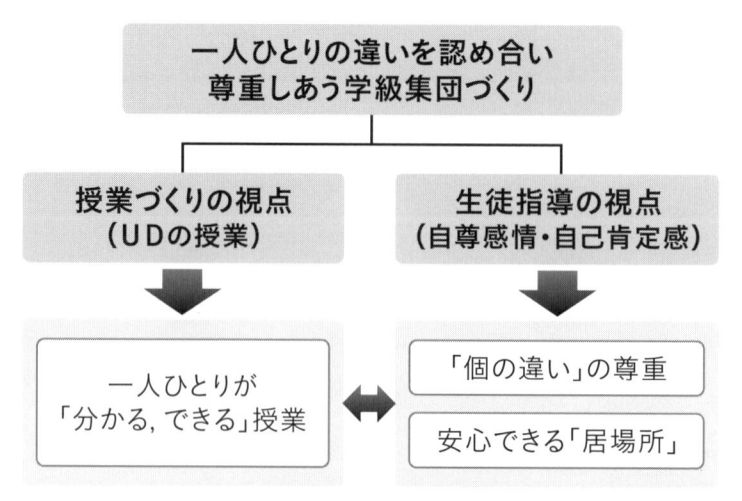

図6-1　特別支援教育の観点に立った授業づくり・学級づくりの意義

それぞれがバラバラに取り組まれているために，既存リソースの活用が十分ではなかった。

(3) 通常の学級の授業が持つ意味

学習面のつまずきか行動面のつまずきかにかかわらず，学校生活に困難がある子どもに共通して見られるのはセルフエスティーム（自尊感情，自己肯定感）の低下である。セルフエスティームの問題については，従来，スクールカウンセラーによるアプローチを含めた生徒指導領域の課題とされてきたが，はたしてそれだけで十分なのだろうか。学校で子どもたちがいちばん多くの時間を過ごすのは「授業」である。授業において，学習内容が分からない，達成感が感じられない，自分が大切にされていると実感できないといった状態に置かれているとしたら，授業以外の場面でさまざまなアプローチが行われたとしても，それだけでは子どものセルフエスティームは高まらないだろう。

授業において，①分かるという自信，できたという達成感が感じられること，②「やらされている」のではなく，自分が主体的に学習に取り組んでいると実感できること，③一人ひとりの違いが認められ，先生や仲間から自分が尊重されていると感じられること，の3つがあってこそ，学校生活が充実し，子どものセルフエスティームも高まると考えられる。その点で，児童生徒の個に応じた支援では「授業が勝負，授業で勝負」であり，授業のユニバーサルデザイン化も単なる授業改善の試みにとどまるものではなく，図6-1（前頁）に示すように特別支援教育推進の大きな枠組みの中で捉えられるべきものである。

2　学校全体でユニバーサルデザインに取り組むことの意義

以上のような観点に立ったとき，学級や授業のユニバーサルデザイン（以下UD）に求められるのは，「学校全体で取り組む」ことである。ある教員はUDの学級・授業づくりを実践しているが，他の教員は無関心といった状態では，UD化の効果は上がりにくいし，学級担任や教科担任が変わったときに，子どもたちに混乱が生じる危険性もある。本書の各章や実践例が示すような，子どもたちが学びやすい教室環境や学習環境の整備，多様な学びのニーズに対応で

きる授業の進め方の工夫や教材・支援グッズの開発，一人ひとりの違いを互いに認め合う学級集団づくり等の学級・授業のUD化の取り組みは，その学校の教職員全員の共通理解・共通方針のもとで行われてこそ，子どもたち一人ひとりの支援に役立ち，大きな教育効果が期待できるのだと言えよう。

3 学校全体で取り組むUDのポイント

　学校全体でUDに取り組む体制を作っていくためには，まず，職員会や校内研修会等の機会を通じて学校全体でUDに取り組むことの意義を職員全員が共通理解することと，学校全体での取り組みに向けて管理職がリーダーシップを発揮することが必要であるが，教員一人ひとりがUDの実践を行うためには，それに加えて以下のような取り組みが必要になってくる。

（1）UDの視点に立った全校的な授業研究の推進

　職員会や校内研修会で共通理解したUDの取り組みを個々の教員が実践に移していく上で効果的なのは，UDの視点に立った授業研究を定期的に行うことである。一般に授業の指導案は，「①学習活動」→「②予想される子どもの

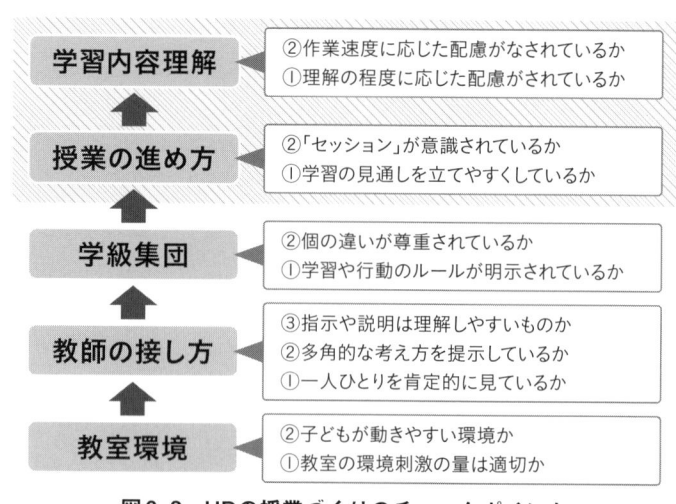

学習内容理解
②作業速度に応じた配慮がなされているか
①理解の程度に応じた配慮がされているか

授業の進め方
②「セッション」が意識されているか
①学習の見通しを立てやすくしているか

学級集団
②個の違いが尊重されているか
①学習や行動のルールが明示されているか

教師の接し方
③指示や説明は理解しやすいものか
②多角的な考え方を提示しているか
①一人ひとりを肯定的に見ているか

教室環境
②子どもが動きやすい環境か
①教室の環境刺激の量は適切か

図6-2　UDの授業づくりのチェックポイント

意識の流れ（反応）」→「③指導上の留意点」という流れで構成されているが，その後に「④ UD の視点からの指導・支援」の項をつけ加え，授業を行う教員が共通理解した UD の視点と方策をその授業にどう取り入れているかを明示してもらう。そして，授業後の研究協議では，一般的な協議事項に加えて，④について良かった所や課題となる所を話し合うようにすると良い。

　図 6-2（前頁）は，UD の視点に立った授業研究を行う際の授業案作成や研究協議のポイントを示したものである。図では，いちばん下の教室環境から学級集団までが「授業を進める上での前提条件となること」，上 2 つが「授業を進める上での配慮点」となっている。

　図 6-2 に示したポイントは，あくまで UD の授業づくりの基本となる部分であり，これらの視点に立った授業が全校的に行われるようになれば，さらに，①授業で子どもたちが思考を働かせ主体的に学んでいるか，②「できた／できない」の結果だけでなく一人ひとりの学習プロセスを授業者が看取れているか，といった「授業の質」をより一層高めるための研究協議が必要となる。こうした授業の質を高めるための取り組みでは，個々の子どもの発達特性の把握という特別支援教育の視点と，授業研究・教材研究という教科教育法の視点を統合的に取り扱うことが重要であるが，UD の授業づくりの取り組みは，両者の統合を図る上でも大いに役立つ。

（2）つまずきのリスクの把握と UD

　学校全体で UD に取り組む体制を作る上でもう 1 つ大切なのが，「つまずいてからの対応」ではなく，「つまずきのリスク」に早く気づき，早期に対応していくことである。つまずきのリスクには，実は，子どもの側のつまずきと教員の側のつまずきの 2 つの側面がある。小学校の低学年を例にあげれば，子どもの側のリスク要因として，かな特殊音節や助詞の表記ができない，足し算や引き算の繰り上がり・繰り下がりが分からないといった問題は，その後の教科学習上の大きなつまずきにつながりやすい。一方，教師の側のリスク要因としては，授業中に，子どもがざわざわして落ち着かず教師の指示が通りにくい，離席や手遊びをする子どもが多いといったことがあり，こうした状態を放置すると授業不成立等の深刻な問題につながる可能性もある。

このようなリスク要因に早く気づき，子どもに対しては学習上の困難が大きくならないうちに個に応じた適切な支援を行う上で，また，学級経営や授業に困難を感じている教員にはその具体的な解決策を示す上で，UDの授業づくりの視点は大いに役立つ。そして，日常経験する子どもの側，教師の側の困難への対応方策とUDの視点が結びついてこそ，学校全体でUDに取り組むことの必要性と意義が全校の教員に共通理解されると言える。その点で，UDの視点に立った学級・授業づくりと，子ども・教師双方のつまずきのリスクを捉える早期発見・早期支援の取り組みは不可分なものである。

（3）個々の教員の負担の軽減

　実際に行ってみると分かることであるが，UDの視点に立った学級・授業づくりはけっこう手間のかかるものである。学級・学習環境の整備は一度行えば後の手間は比較的少なくて済むが，一日に何時間も行うそれぞれの授業で，全ての子どもに分かりやすいように授業の進め方を工夫し，子ども一人ひとりの理解レベルや作業速度の違いに合わせて教材や支援グッズ作成するには，大変な手間と時間がかかる。これを一人の教員で考え，行わなければならないとしたら，よほどの熱意がない限りUDの実践は長続きしないだろう。

　こうした問題を防ぐためには，教員どうしのチームワークが重要で，①個々の教員が開発した「あると便利な工夫」を教員間で共有する機会を設け，お互いに取り入れられるようにすること，②各種の教材やプリント，ワークシート，支援グッズ等を学年や教科ごとに共同で検討し作成すること，③作成した教材や支援グッズを保管するライブラリーを作り，誰でも自由に使えるようにしておくこと，などの個々の教員の負担を減らすための学校システム作りが不可欠である。また，こうした校内システム作りでは，管理職がその意義を理解し，教員が動きやすく協力しやすいように配慮しなければならない。

4　学校全体で取り組むUDで注意したいこと

　学校全体でUDの授業づくりに取り組む際に注意したいのは，形だけの取り入れにならないことである。UDが「形」になってしまうと，目の前にいる

子どもから始まる「生きた授業」からかけ離れてしまい，子どもたちにとって「ワクワク感」のない退屈な授業になってしまう恐れがある。また，「形」だけのUDは，個々の教師の個性や授業における工夫を封殺してしまう危険もある。

　授業のUD化でよく言われる「学習の見通しが立つ」とは，単に授業の進行スケジュールが分かるということではなく，子どもたちが，その授業で何を目ざすのか，何をしたらよいのか，どのようにするかが分かることである。そのためには，学級の子どもたち一人ひとりの実態を把握し，子どもの実態に基づいたUD化を工夫すると共に，しっかりした授業計画のもとに子どもの主体性や思考が十分に発揮されるような授業を行っていく必要がある。UDの学級・授業づくりが目ざすところは，子どもたちの学習と学校生活の質を高める点にあるのだということを，もう一度確認しておきたい。

【参考・引用文献】

花熊曉編著・大阪府高槻市立五領小学校著 (2011) 小学校ユニバーサルデザインの授業づくり・学級づくり．明治図書出版．

第7章

【実践紹介＆解説】
通常学級で取り組む
ユニバーサルデザイン

イントロダクション

　本章（第7章）では，通常学級または通常学級と通級の連携の場で，実際にユニバーサルデザインの視点を授業づくりや学級運営に活かしている現場の先生方にご登場いただき，その実践をご紹介いただいた。

　実践紹介では，それぞれ，小学校の国語科の授業づくり（実践1），中学校の各教科指導と通級指導との連携（実践2），中学校の社会科の授業づくり（実践3），小学校の通常学級での子どもたちの関係づくり（実践4）と，特定の指導法や学年に偏らず，幅広くユニバーサルデザインの考え方や視点を活かしたさまざまな取り組みを取り上げ，それぞれの取り組みの中におけるユニバーサルデザインの視点を活かした工夫や指導のコツをクローズアップしていただいた。

　さらに，それらの実践紹介の後には，もう一人の先生にご登場をいただき，実践紹介者の先生方とは別の視点から，取り上げた実践についての「解説」をご寄稿いただいている。解説を寄せていただいたことで，実践紹介の中だけでは見えてこなかった，ユニバーサルデザインの視点を実践に活かすための新たなコツや工夫，ヒントなども見えてくることだろう。

　本章で取り上げた取り組みの中に込められたユニバーサルデザインの数々のエッセンスが，実践＆解説を通して読者の方々に伝わり，日々の指導やかかわりに活かしていただければ幸いである。

実践 1

小学校・国語授業のユニバーサルデザイン
――3年生文学教材「海をかっとばせ」の学習指導

桂　聖

1 国語授業のユニバーサルデザイン

　国語の授業は，頭だけで想像したり意味を考えたりする授業になりがちになる。しかも，教える内容もあいまいだ。概してわかりにくい授業が多いという現状である。

　こうした国語授業を，全員の子どもが楽しく「わかる・できる」ようにするには，どのような視点で改善していけばよいのか。

　私は，特別支援教育の視点を導入して改善していきたいと考えている。クラスで気になるAさんへの指導の工夫は，算数は得意だけど国語は苦手なBさんのためにもなる。また，理解力が優れるCさんが，AさんやBさんにわかってもらおうとかかわることで学び直しをすることにもなる。

　たとえば，複数の情報処理が苦手，言語理解が困難，落ち着いて学習することが難しい。こんなAさんには，情報を整理して提示する，視覚的な手がかりを効果的に活用する，身体を動かす活動を取り入れる，などの手立てが有効である。また，こうした「指導の工夫」は，他の子のためにもなることが多い。

　しかし，こうした指導の工夫によっても，取り組みが難しい子もいることもある。その場合には「個別の配慮」が必要である。

　国語授業のユニバーサルデザイン（以下，国語授業のUD）とは，次のとおりである。

> 学力の優劣や発達障害の有無にかかわらず，すべての子どもが，楽しく「わかる・できる」ことを目指して「工夫・配慮」する通常学級における国語授業のデザイン

　国語授業のUDでは，気になるAさんを想定したユニバーサルデザイン的な「指導の工夫」や，バリアフリー的な「個別の配慮」によって，全員が楽しく「わかる・できる」国語授業づくりを目指す。

2　国語授業のUDを目指す「指導の工夫」と「個別の配慮」

(1)「論理」を授業の目標にする

　国語授業がわかりにくい一番の原因は，「内容理解のイメージ」が授業の目標になっていることにある。

　たとえば，文学の授業では，人物の心情を想像する，主題をとらえる，などである。確かに，内容理解は重要である。だが，内容理解のイメージを深めることだけに終始しているから，あいまいで分かりにくい授業になる。

　内容理解のイメージではなく，「論理」を授業の目標にする。たとえば，心情の読み取り方，主題のとらえ方など，論理的な読み方を指導する。実は，論理的に読むことで，内容理解のイメージも深まる。論理は明確なので，人の気持ちを読み取ることが苦手な子どもにもわかりやすい。

　楽しく「わかる・できる」国語授業をつくるために第一にやるべきことは，「内容理解のイメージ」ではなくて，「論理的な話し方・聞き方，書き方，読み方」を目標にすることである。

(2) 3つの要件をふまえて授業をデザインする

　次に，「論理」を目標に見据えながら，次の3つの要件をふまえて授業をデザインする（桂，2011）。

> ●授業を焦点化する。（シンプル）
> ●授業を視覚化する。（ビジュアル）
> ●授業で共有化する。（シェア）

　まず、「授業を焦点化する」とは「ねらいや活動を絞ること」である。教材研究をすればするほど、教えたいことが増え、授業が複雑になりがちだ。ねらいや活動を絞って、できるだけシンプルな授業を心がけることが大切である。

　次に、「授業を視覚化する」とは「視覚的な手がかりや諸感覚を使った活動を効果的に活用すること」である。国語の授業は、聴覚情報優位の話し合い活動が中心だ。たとえば「○○ページの○行目の○○○という言葉から○○○○という気持ちが分かる」という発言が延々続く。それよりも、センテンスカードが黒板に貼られていて、指差しながら「この言葉から、○○○○の気持ちがわかるよね」と、聞き手に説明した方が分かりやすい。写真、動画などの資料を活用したり、音読や動作化などの諸感覚を働かせる身体的な活動を仕組んだりすることも有効である。

　最後に、「授業で共有化する」とは「話し合い活動を組織化すること」である。「挙手‐指名」方式の話し合い活動だけでは、理解力が優れる一部の子の発言に偏った授業になる。ペアの話し合い活動を適宜取り入れたり、教師が話し合い活動を適切に整理したりすることが重要になる。

　だが、こうした「指導の工夫」をしても、活動が停滞する子がいる場合には「個別の配慮」が欠かせない。

　たとえば、漢字を読むことが苦手な子がいる場合には、振り仮名付きのプリントを与える。話すことは得意でも、書くことが苦手な子もいる。その場合には、書き出しを指示したり問いかけながら書かせたりすることが必要になる。

3 実践事例「海をかっとばせ」

(1) 教材について

　山下明生「海をかっとばせ」(光村図書「国語三年・上」)は、野球の試合に出たいと思っていたワタルが、海岸での波の子との練習によって、また練習したいと強く思うようになる話である。波の子との出会いによるファンタジーの中で、中心人物ワタルの気持ちの変化がわかりやすい作品である。

　ここで取り上げる事例は、第二次の第1時である。その前の第一次では、音読練習や言葉の意味の確認をしている。その上での1時間の授業である。

(2) 音読の活動から学習課題を設定する (焦点化)

　まず、次のセンテンスカードを黒板に貼って、全員で音読をするように指示する。

> (ア) 今はまだ、ベンチせんもんだが、夏の大会までには、なんとかしあいに出たいと思っているだろう。

　「えっ、おかしいよ！」「変だよ！」という子どもたちの声が上がる。
　その声を受け、「今日の勉強は、変なところ探しです」と告げる。子どもたちの表情は、楽しそうな勉強だなという感じで、ぱっと明るくなる。
　続けて、次の5枚のカードを次々と提示して、また音読するように言う。

> (イ) 五十回をすぎたころから、うでがだんだん軽くなった。足がふらつき、目が回る。
> (ウ) まるで、ピッチングマシンのように、波がしらがぎゅうんともり上がっては、黒いボールを投げこんでくる。
> (エ) かっとばせ。ワタル。
> (オ) ワタルは、しっかりとせなかを丸めて、ダイヤモンドを一周する。
> (カ) 「たぶん、来るからね。」

(3) ペアで問題を解決する（共有化）

6枚のカードを貼った後,「全員起立。6枚のカードには,それぞれ一箇所ずつ変なところがあります。文章を見ないで,ペアで6つの変なところを探しましょう。全部,見つけたら座ります」と指示する。また「文章を見ないでやってほしいのですが,どうしても難しかったら見てもいいよ」と付け加える。

(4) 黒板の前に出て, 指差しながら説明する（視覚化）

3分の2ぐらいのペアが座ったところで,変なところについて全体で話し合う。発表する時は,黒板の前に出て,誤った語句を指差しながら説明するように言う。

(5) 問い返しや動作化で, 人物の心情や様子を見える化する（視覚化）

6枚のカードの正誤は次のとおりである。

```
（ア）（誤）思っているだろう。→（正）思っている。
（イ）（誤）軽く→（正）重く
（ウ）（誤）黒い→（正）白い
（エ）（誤）かっとばせ。ワタル。→（正）「かっとばせ。ワタル。」
（オ）（誤）せなかを丸めて→（正）むねをはって
（カ）（誤）たぶん→（正）絶対
```

子どもが発表する時は,「軽くと重くでは,どう違うの？」など,必ず問い返しをする。「軽くだったら,調子が出る感じだけど,重くだったら,もう疲れたあって感じがする」など,ワタルの心情を引き出すことが目的である。

また,波打ち際の動画を投影して,ワタルになったつもりで素振りをするように指示する。動作化をすることで,ワタルが,波が一番高くなった瞬間をねらって,声を出しながら懸命に素振りをしていることが理解できるようにする。

（6）図解を手がかりに，中心人物の変化を話す（視覚化）

正誤の確認が全て終わった後，「このカードには，秘密があるんだけどなあ……」と言いながら，図7-1のように，カードを動かしたりチョークで囲んだりする。

「この話はね，はじめ，○○な気持ちだったワタルが，○○によって，最後は○○な気持ちになる話なんだよ。言えるかな？」と言い，各自で練習させる。

（7）モデル発言を基にして，ペアの相手に自分の言葉で説明する（共有化）

各自の練習をよく見ておいて，堂々と言えていた子を意図的に指名する。すると，たとえば，A君が「はじめ自信がなかったワタルが，男の子との練習によって，自信がついた話」と言ったとする。それをモデルにして「A君は，ワ

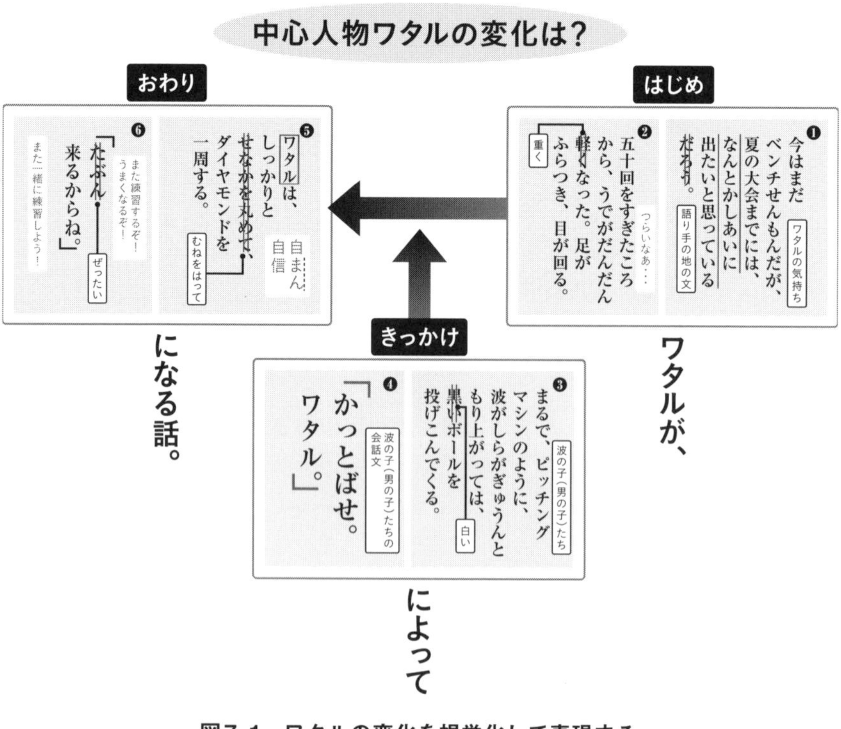

図7-1　ワタルの変化を視覚化して表現する

タルの変化を大まかに短く言ってくれました。このA君よりも，詳しく長く言える人はいるかな？」と問い返す。すると，Bさんが「はじめ夏の大会までには何とか試合に出たいと思っていたワタルが，波の子の練習によって，試合に出たいという勇気がついた話」のように言う。

その後，「Aさんは，大まかに短く言ってくれました。これを抽象的と言います。Bさんは，詳しく長く言ってくれました。これを具体的と言います。抽象的でも具体的でも，どちらでもいいです。中心人物ワタルの変化を，ペアの子に話しましょう」とモデル発言を整理した上で，自分の言葉で再構成して表現するように言う。

(8) ノートの記述から，個々の理解を評価と指導を行う（個別の配慮）

そして，授業の終末5分間では，ペアの子に話したことをノートに書かせて，教師のところへ持って来させて，ノートチェックと個別指導を行う。

【引用・参考文献】

桂聖（2011）．国語授業のユニバーサルデザイン．東洋館出版社

実践1　解説

計算し尽くされた「しかけ」が授業のユニバーサルデザインを支える

川上康則

実践の背景にある国語授業への省察

長い文章を読むことや，中心人物の心情の変化を読み取ることにつまずきを

抱える子どもは多い。大人でも、「作者の言いたいことを述べよ」といった発問に対して苦手意識を示す人が少なくないのは、それまでに受けてきた国語の授業が非常に曖昧に展開されてきたことの証左ではないだろうか。

桂氏の実践は、こうした従前の国語授業への省察から始まっている。「国語の授業はそもそも聴覚情報優位の話し合い活動が中心になりがちである」、「授業が曖昧なまま進みがちなのは、"内容理解のイメージ"を追うことに終始しているからだ」と看破する。その上で、「心情の読み取り方」「主題のとらえ方」などの論理に着目した授業の展開が、つまずきのある子どもにとって効果的であると説明している。さらに、つまずきのある子どもたちの個性的な学び方に合わせて授業の展開を考えていくと、他の子どもも学ぶことが明確になり、授業で「わかる・できる」を実感しやすくなると実践の在り方を整理している。

計算し尽くされた「しかけ」

本実践において、桂氏はさまざまなしかけを準備しているが、これらは全て、「子どもが文学作品を論理的に読めるようになる」ことを目的としている。

例えば、「視覚化」。特別支援教育の視点で通常学級の授業の改善が語られるとき、とかく「視覚化（見える化）」させることが話題になるが、桂氏の実践では情報が極めてシンプルな形で提示されている。しかも、作品の設定・表現技法・中心人物の変化等、読みを深めるためのポイントに着目しやすくなるよう「間違い探し」の活動を取り入れている。

これらは、ただ単に間違いに気づかせるゲームというわけではない。センテンスカードをつなげていくことで、授業の終わりには子どもたち全員が「中心人物の心情の変化とそのきっかけ」がとらえられるような設定になっている。モデル発言を取り上げながら、学習につまずきがある子どもも、中心人物の変化ときっかけについて自分の言葉で表現できるところまで導いている。

計算し尽くされたしかけの連続であり、深い教材研究とつまずきのある子の学び方への温かい配慮に裏付けられた実践であると言える。

この実践から学ぶべきこと

　授業のユニバーサルデザインは,当初,特別支援教育サイドからの発信であった。教室環境や,発問・指示等の教師の関わりの見直しには寄与したかもしれないが,各教科の教育課程に踏み込んだ提案ができなかったため,通常学級の論理と乖離した支援プランの提案も少なくなかった。図7-2は,通常学級へのコンサルテーションなどで語られてきた「不自然な支援」をまとめたものである。今後は,各教科の教育課程と特別支援教育の視点を関連付けたユニバーサルデザインについての議論を深めねばならないと考える。

特別支援教育の「専門家」が語る不自然な支援

(1) マニアックに障害特性を追い求める傾向
(2) 個別的対応を前面に押し出した,実現不可能とも思える支援プラン
(3) 教育課程を踏まえない助言
(4) 教師の個性・キャラクターとかけ離れた要求

↓

各教科の教育課程と特別支援教育の視点を関連付けたユニバーサルデザイン論に!

図7-2　「専門家」が語る不自然な支援からの脱却

> 実践2

中学校での通級的指導を活かした「教科協働型授業研究会」の実践
―― アスペルガー障害のある生徒の学習意欲を育てる支援

竹内康哲

1 はじめに

　発達障害のある児童生徒は，学校生活のほとんどを通常の学級で過ごしており，これらの児童生徒を視野に入れた通常学級での授業づくりが求められている。特に，教科担任制である中学校では，多くの教師間の情報共有や共通理解を基盤にし，特別支援教育の視点で授業づくりを検討する授業研究会が必要であると考えられる。柘植（2012）は，全国各地の学校において，繰り返し行われている授業研究会が特別支援教育の視点を持つことで，すべての子どもの"確かな学び""豊かな学び"に繋がっていくと述べ，各教科と特別支援教育がコラボレーションした授業研究会の必要性を強調している。

　本稿で紹介する「教科協働型授業研究会」とは，筆者の実施する個別指導の中で得られる対象生徒の認知特性をフィードバックしつつ，異なる教科の担当者がビデオで授業情報の共有を図り，授業の工夫を共通理解するものである。自らの授業を振り返り，ファシリテーター（筆者）や参加者からフィードバックされるなかで生まれる気づきや授業工夫が，どのようなプロセスで生まれるのかを検討する。さらに，これらの授業工夫によって，発達障害のある生徒の学習意欲も向上すると考えている。

　以下，筆者の実践した「教科協働型授業研究会」の流れを紹介したい。

2 実践方法

(1) 対象生徒について

　対象生徒の在籍する学級は，公立中学校2年の男子生徒18名，女子生徒17名のクラス。対象生徒のA君は，医療機関でアスペルガー障害の診断を受けていた。知的能力には優れているが教科成績に反映されず，そのため学習意欲が低下していた。筆者は，A君の負担を軽減し強みを活かすという方針で，継続して週1回60分の個別指導を実施した。

(2) 対象の教師について

　本実践では，対象生徒A君の教科担当者3名を対象とした。B先生（40代）は学級担任・国語科担当，C先生（30代）は英語科担当，D先生（20代）は社会科担当で新任2年目であった。いずれも男性で特別支援学級の担任歴はなかった。

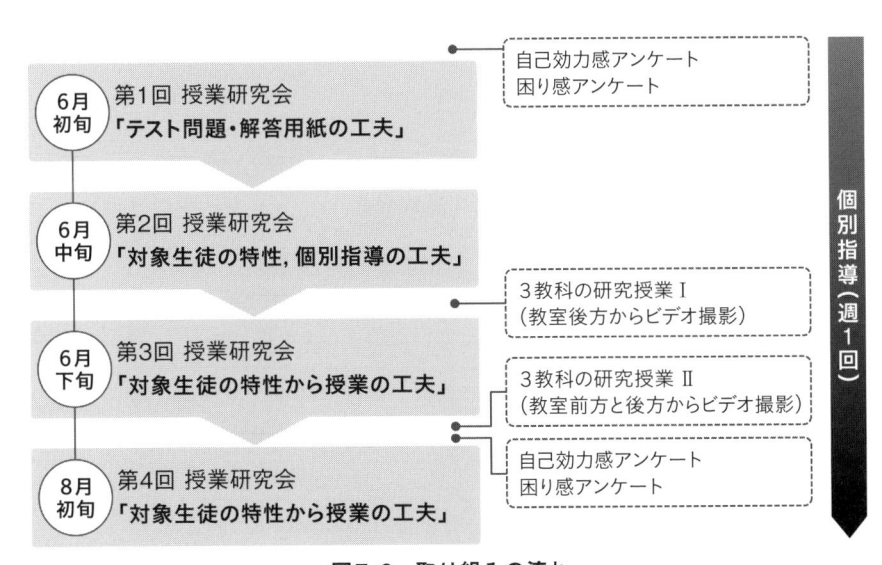

図7-3　取り組みの流れ

(3) 実施期間

実施期間は，201X年4月～8月前半。全体的な流れは図7-3の通りである。

(4) 手続き

授業ビデオは，筆者が授業者の指導と対象生徒の様子が分かるように撮影し，授業工夫のあった場面を編集した。6月下旬に実施した第3回授業研究会では，教室の後方から撮影したものを視聴したが，教師の指導に対する生徒の動きや様子が見えにくかったため，第4回授業研究会（8月初旬）では，教室の前方と後方から撮影した2画面の映像を1画面に合成して各教科5分に編集した。

(5) 評価

評価については，撮影したビデオをもとに，以下の3点の視点から行った。

・授業研究会での参加者の発話内容の変化
・対象生徒の困り感アンケートの変化
・対象生徒の特異的自己効力感の変化

3 実践結果

(1) 教科協働型授業研究会での発話の質的変化

①第2回授業研究会——筆者の提案した教材から授業工夫へ

筆者が対象生徒との個別指導から彼の認知特性を考慮した一斉授業での活動を提案すると，C先生から提案に賛同する発言があり，C先生の英語の授業で取り入れられた。その際，授業準備の負担が少なく授業で単発的に取り入れることができる学習活動で，教科での具体的な指導例を提供した。

②第3回授業研究会——英語の授業ビデオ視聴から他教科の授業工夫へ

筆者が提案した「ゲーム性を取り入れた活動」では，多くの生徒が意欲的に

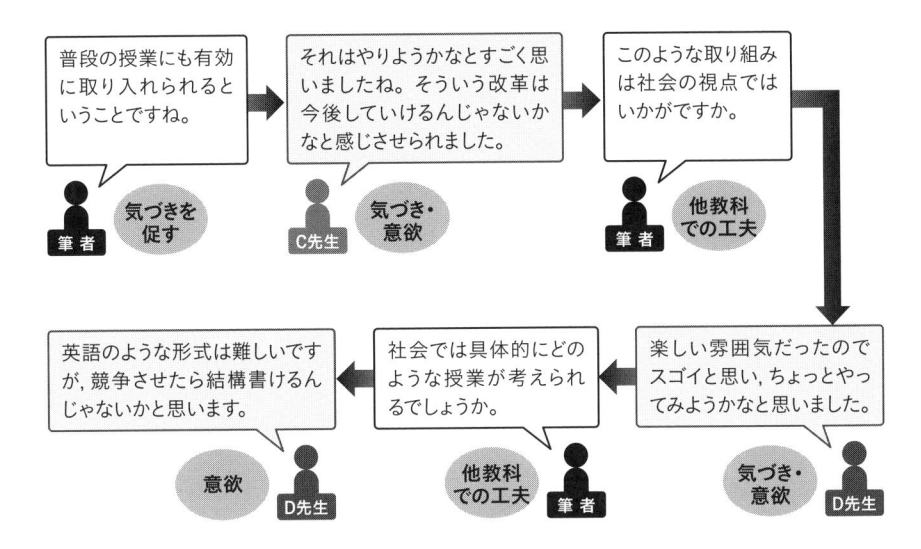

【実践紹介&解説】通常学級で取り組むユニバーサルデザイン 第7章

図7-4 英語授業ビデオ視聴後の情報共有

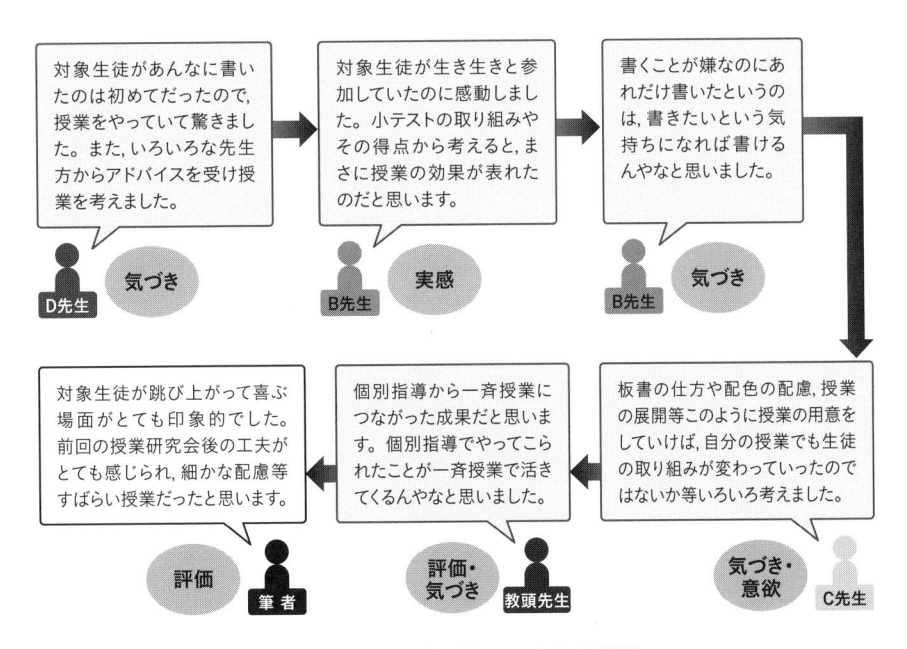

- 筆者（気づきを促す）：普段の授業にも有効に取り入れられるということですね。
- → C先生（気づき・意欲）：それはやりようかなとすごく思いましたね。そういう改革は今後していけるんじゃないかなと感じさせられました。
- 筆者（他教科での工夫）：このような取り組みは社会の視点ではいかがですか。
- → D先生（気づき・意欲）：楽しい雰囲気だったのでスゴイと思い、ちょっとやってみようかなと思いました。
- ← 筆者（他教科での工夫）：社会では具体的にどのような授業が考えられるでしょうか。
- ← D先生（意欲）：英語のような形式は難しいですが、競争させたら結構書けるんじゃないかと思います。

図7-5 D先生が主体的に工夫した授業へ

- D先生（気づき）：対象生徒があんなに書いたのは初めてだったので、授業をやっていて驚きました。また、いろいろな先生方からアドバイスを受け授業を考えました。
- → B先生（実感）：対象生徒が生き生きと参加していたのに感動しました。小テストの取り組みやその得点から考えると、まさに授業の効果が表れたのだと思います。
- → B先生（気づき）：書くことが嫌なのにあれだけ書いたというのは、書きたいという気持ちになれば書けるんやなと思いました。
- → C先生（気づき・意欲）：板書の仕方や配色の配慮、授業の展開等このように授業の用意をしていけば、自分の授業でも生徒の取り組みが変わっていったのではないか等いろいろ考えました。
- ← 教頭先生（評価・気づき）：個別指導から一斉授業につながった成果だと思います。個別指導でやってこられたことが一斉授業で活きてくるんやなと思いました。
- ← 筆者（評価）：対象生徒が跳び上がって喜ぶ場面がとても印象的でした。前回の授業研究会後の工夫がとても感じられ、細かな配慮等すばらしい授業だったと思います。

取り組み，書字が苦手な対象生徒も仲間と協力しながら黒板に英単語を書いた。英語授業ビデオ視聴後，「ゲーム性を取り入れた活動」に焦点を絞ると，D先生からは「やってみようかなと思いました」という発言があり，社会での具体的な工夫について意見を促すと，今後の具体的な授業工夫が示された（図7-4）。

③第4回授業研究会——D先生が主体的に工夫した授業へ

社会研究授業では，D先生自身が前回の授業研究会での授業工夫の効果を一層強く実感として捉えたことから，主体的に工夫した授業が展開された（図7-5）。

（2）教科協働型授業研究会での発話の量的変化

第2回授業研究会では参加者の発話自体が少なかったが，第3回授業研究会で，授業ビデオを視聴し授業を振り返ると参加者の発話数が急増した（図7-6）。第4回授業研究会でも同様に授業ビデオを視聴し，参加者の発話が増加した。

特にC先生の，「授業工夫」「新たな気づき」についての発話が急増し，振り返りを自分の学びとして授業工夫に活かすような発話が多かった。例えば，「社

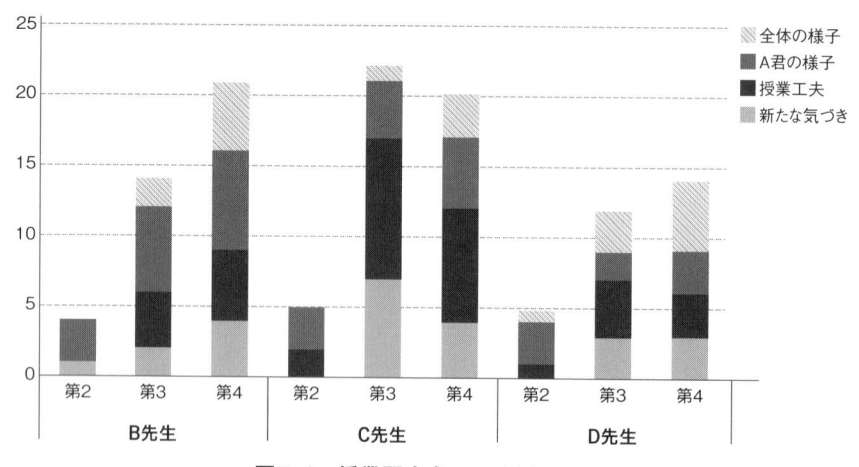

図7-6　授業研究会での発話の変化

会の授業では一問一答的な要素が多く，先生の発問にすぐに反応しやすい部分があるのを考えると，そこから自分の英語の授業を振り返っていたんです。私の説明の仕方はわかりにくいんやろなーって，社会の授業を見ながら考えていました」といった発言があった。

授業研究会の第3回と第4回を比較すると，「全体の様子」についての発話が全体的に増えた。これはビデオ撮影を後方だけでなく前方からも行い，2画面に編集したことで，指導者に反応した対象生徒と周囲の生徒の動きや表情を確認することができ，全体の取り組む様子をより正確に把握できたためと推測できる。

(3) 対象生徒の困り感アンケートの変化

対象生徒に実施した「困り感アンケート」より，介入後に困り感が2項目減少した。また，介入前には上位に学習面の項目で多くの困り感があったが，介入後には学習面の項目が後退した。特に，介入前には学習面で最も困り感の高かった「授業で先生の説明が難しい」という項目が介入後に大きく後退した。

(4) 対象生徒の自己効力感の変化

対象生徒の得意教科は社会で，苦手教科は英語であった。特異的自己効力感は，介入後に全ての教科で上昇し，特に社会と英語の2教科で大きく上昇した。

4 実践への考察

(1) 教科協働型授業研究会での情報共有の効果

①個別指導から授業研究会での提案へ

今回の取り組みでは，個別指導での対象生徒の特性を考慮して取り入れられた学習活動が各教科の一斉授業で実施された。筆者が提案した学習活動は教科担任にとって授業準備の負担が少なく，授業の中で単発的に取り入れることができる学習活動であったこと，かつ筆者が各教科での具体的な指導例を提供したことで一斉授業に取り入れられたと推測される。

そして対象生徒を含む多くの生徒たちが意欲的に取り組んでいる様子が，授業研究会のビデオ視聴で客観的に捉えられ，個別指導での学習活動が多くの生徒にとっても効果的なことが教科担任の「気づき」として実感して捉えられたことが伺われた。

②他教科の授業を自分の教科指導に置き換える

教科協働型授業研究会で，筆者は特別支援教育の視点にポイントを置いてファシリテートを行った。どの教科にも共通する授業づくりとして「ポジティブな気づき」と「自分の授業にどう活かせるか」という2つの視点にポイントを置いて検討した。その結果，他教科の授業を見ても自分の教科指導に置き換え，共通の課題として捉えることができ話し合いが深まったと考えられた。

(2) 中学校の特別支援教育推進に向けて

教科協働型授業研究会では，特別支援の視点で教示を行う「方法」を重視し参加者のポジティブな「気づき」から視点を共有することで，他教科の授業工夫にも活かされていったと考えられる。「気づき」は担任以外の視点を含むことで，より正確な実態把握へつながっていく。つまり「学習意欲の低下した生徒への支援」など生徒の活動や授業づくりに視点を置いて，複数の教師が生徒のニーズや反応を踏まえた支援の手立てを授業に取り入れ検討を重ねていくことで，異なる教科の授業を見ても共通の課題として捉え，話し合いも深まっていったと考えられる。

【引用・参考文献】

柘植雅義（2012）．まとめにかえて．柘植雅義,清水静海,堀江祐爾（編著）．教科教育と特別支援教育のコラボレーション―授業研究会の新たな挑戦．金子書房, pp170-176.

実践 2 解説

教師の学び合いを活かして，個のニーズをふまえたクラスの授業づくりへ

宇野宏幸

　中学校では教科担当制であることをふまえて，通常学級での授業デザインを特別支援教育の視点で考えていくことが大切である。また，個のニーズをどのように捉え，これを授業方法や内容に反映していくかが課題となる。これらがうまくいけば，通常学級においても発達障害のある生徒の学びのポテンシャルを十分に引き出すことが可能であろう。竹内氏の実践は，このような問いへの一つの回答となっている。

　授業中の支援対象生徒の様子から各教科担当者が得た情報を共有することで，彼らの総合的なニーズを把握することができる。一方で，発達障害のある子どもは本人の得意・不得意や教科内容への興味・関心によって授業へ向かう姿勢が全然違っていることがある。また，担当者の教え方によっても注意が続くかどうか，授業への参加態度も異なってくる。通常学級の授業についていけない，あるいは参加意欲がないように見える場合でも，竹内氏の報告にあったように個別的な指導には意欲的に取り組み，理解も良いケースがある。これは，対象生徒のニーズに沿った指導の工夫が効果的であることを示している。

　発達障害のある生徒は注意の問題を抱えているために，受動的になりがちな一斉授業では教師の説明が頭に入りにくい。能動的な学びの姿勢を引き出すことが大切である。このように，個別的な指導で見えた学習スタイルを通常学級の授業に取り入れることで，対象生徒のみならずクラス全体への波及効果が期待できる。今回の実践では，能動的な授業活動を経験すると，その後の教師の説明へも注意が持続されていた。これは，運動によって覚醒水準が高まり注意力のアップにつながったものと考えることができる。注意をひきつける工夫を盛り込んだ教師の説明と生徒の能動的な授業参加がテンポよく展開されること

が鍵である。

　竹内氏の実践における第二のポイントは，教科横断的な授業研究会をファシリテーションしていた点にある。従来の教科内容に沿った研究会ではなく，生徒の学びのニーズから"授業方法"を共有し，アイデアを作り出しているところが面白い。英単語の学習にあたってゲーム性のあるしりとりを導入して効果が見られた時，社会や国語ならどのような手だてとなるのか考えていくことは重要であろう。チームでの支援が効果的となるためには，異なる専門性を持つ構成員がその独自性を発揮しつつも，協力していくことが不可欠となる。つまり，教員どうしが上手にコミュニケーションしていくことが必要であり，特別支援教育コーディネーターがこれを促進する役目を果たしていくことが期待されている。竹内氏が，さりげなく「では，社会ではどのように考えますか？」と尋ねていたのは上手な促し方と思う。

　情報を共有するにあたって，それを"見える化"する工夫が必要と思われる。授業研究の場合も同じである。授業を参観しての研究会では，実際に授業のどこを見ていたのかは参加者によって異なっている。とすれば，事後の検討会で教師が工夫していたポイントとその際の生徒の様子をとらえるにあたって，参加者間でズレが生じてしまうかもしれない。この時点で情報の共有が正確になされないことになる。この点においても，ビデオ記録の同じ場面を参加者が見て，参加者それぞれの異なる"視点"をうまく共有していくことが大切と思える。

　以上述べたように，竹内氏の実践は中学校における通常学級の授業づくりの展開を考える上で示唆に富んだものとなっている。発達障害のある生徒だけでなくクラス全体にとっても，わかる楽しい授業となること，能動的な学びにつながることが今求められている。これを実現していくためには，教員間の協働（コラボレーション）を引き出し，創発性を高めていくことが肝要である。

実践3

通常学級における「ユニバーサルデザインの視点」を取り入れた授業実践
――中学2年・社会科授業の実践から

鬼木　勝

1 どの生徒も「わかる授業」を目指して

　平成24年度より2年間，筆者の勤務校（以下，本校）は，横浜市教育委員会から自閉症教育研究実践校として研究を積み重ねてきた。研究主題は「言語活動の充実による授業力向上を目指す指導・支援の在り方：ユニバーサルデザインの視点を取り入れた授業の工夫を通して」である。

　まず，自閉症傾向のある特性を配慮した指導・支援について，学校全体で取り組むために必要なことは何かを考えたとき，本校ではどの生徒も参加することができ，授業の内容が「わかる授業」をすることが必要であると考えた。

　そこで，本校は以前より「授業力向上」のために「言語活動の充実」や「実物投影機などのICTの活用」を授業の手立てとして取り組んできた。

　そのなかで，どの生徒も「わかる授業」の手立てとして，近年，研究が進められている通常学級の授業に特別支援教育の視点を取り入れた「ユニバーサルデザインの授業」を構成することとした。

2 校内特別支援教育委員会の取り組み

　校内での取り組みについては特別支援教育委員会を中心に，生徒の実態把握や自閉症理解研修を行うことや「ユニバーサルデザインの視点」の授業について，共通の指導案の提案などを行った。

　具体的な取り組み内容は，定期的に『美しが丘特別支援教育だより』を発行することで全職員への周知を図った。「ユニバーサルデザインの視点」を取り

授業のUD化モデル（2012年度版）

- 抽象化の弱さ
- 般化の不成立

→ 活用（使う）
- 機能化（日常生活での実用・発展的課題）
- 適用化（応用/汎用）
- スパイラル化（学年・単元間・教科間の重複の意識）

｝教育方略の工夫

- 記憶の苦手さ
- 定着の不安定さ

→ 習得（身につける）
- 共有化
- 身体性の活用
- （動作化/作業化）
- 視覚化
- スモールステップ化
- 展開の構造化
- 焦点化

- 認知のかたより（視覚・聴覚）
- 複数並行作業への弱さ
- 曖昧なものへの弱さ
- 学習の仕方の違い
- 理解のゆっくりさ

→ 理解（わかる）
- 時間の構造化
- 場の構造化
- 刺激量の調整

｝指導方法の工夫

- 状況理解の悪さ
- 見通しの無さへの不安
- 関心のムラ
- 不注意・多動
- 二次障害

→ 参加（活動する）
- ルールの明確化
- クラス内の理解促進

授業での「学び」の階層モデル

授業でのバリアを生じさせる発達障害のある子の特徴

授業でのバリアを除く工夫

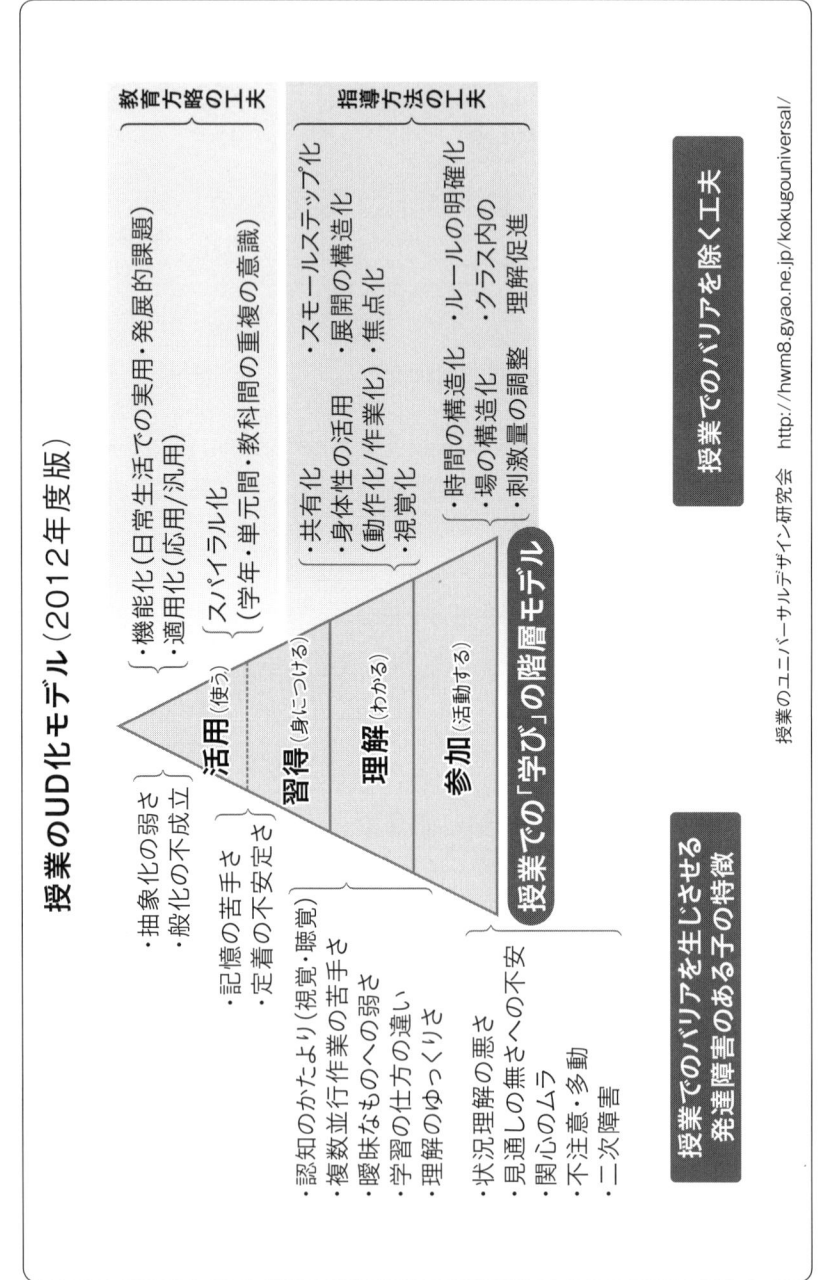

授業のユニバーサルデザイン研究会　http://hwm8.gyao.ne.jp/kokugouniversal/

図7-7　授業のUD化モデル（出典「授業のUD研究会ホームページ」）

入れた授業については常に掲載して全職員に意識してもらうようにした。

自閉症理解研修では，横浜市から出された「自閉症教育　理解・啓発パンフレット」を活用した研修会を行った。ここでは通常学級においても自閉症傾向が見られる生徒がいるため，「全体指導での指示が通らない」「周囲の友人とコミュニケーションが上手くできない」など，自閉症に関する基本的な理解を全職員で進めていくきっかけとなった。

自閉症理解研修に関するアンケートでは，ほとんどの職員が「自閉症理解に役立った」「内容についてわかりやすかった」との回答があった。また，「具体的にどう接していったらいいのか知りたい」「全職員で情報交換して，生徒の行動の傾向がわかるといいです」など，今後の課題も出され継続して取り組んでいるところである。

3　ユニバーサルデザインの視点を取り入れた授業内容

理論研究として，筑波大学附属小学校で研究が進められている「授業のユニバーサル研究会」の実践を参考にして，本校に必要であると考える「ユニバーサルデザインの視点」についてまとめた。この研究会では「授業のユニバーサルデザイン化」について，「授業のUD化モデル」のなかに授業のバリアを除く工夫として14の視点を示している。

本来であればすべての視点を網羅していく必要があるが，現段階の研究では，次の3つの内容について提示して，授業を構成することとした。

1つ目は「授業の見通しの明確化」である。これは授業内容を「焦点化」することであり，単元や本時で生徒につかませたい内容を明確にすること，また，発問もわかりやすく具体的なものにすることである。しかし，この「焦点化」については学習の理解や価値観などに影響するので，とても難しい技術とされているので慎重な作業が必要となる。

2つ目は「視覚化の工夫」である。これは生徒に与える情報を具体化するために「ビジュアル」を意識した「視覚的支援」を有効に活用することである。資料の提示や見せ方の工夫を行うことである。

3つ目は「表現活動の工夫」である。学習した内容についてお互いの考えを

伝え合ったり，確認しながら「シェア」していく「共有化」を行うことで，生徒が様々な表現活動を行うことである。
　以上，3つの視点を中心として本校の授業に取り入れることとした。また，授業を進める際に「刺激量の調整」も大切になるため，「教室環境の整備」についても先程の3つに加えて，4つの視点から授業を構成した。

4 「ユニバーサルデザインの視点」を取り入れた授業実践

　本校では「ユニバーサルデザインの視点」を取り入れた授業において，「教室環境の整備」「授業の見通しの明確化」「視覚化の工夫」「表現活動の工夫」の4つを取り入れることとした。その際に，特別支援教育委員会から提案された共通の指導案を活用して，どの授業も同じ視点から授業を構成できるようにした。
　まず，「教室環境の整備」では，生徒が落ち着いて授業に参加できるように，教室内の机の周りにあるカバンなどの荷物を整理して，余計な刺激を減らし，学習に集中しやすいようにしながら，授業への準備を整えさせる。
　また，本校は一日の連絡などが書かれた予定ボードなどが，前面の板書ではなく，教室の横に掲示してあるため，授業に集中しやすいようになっている。
　次に「授業の見通しの明確化」では，本時のめあてを確認させて黒板にわかりやすく提示する。その際にめあての内容は，本時の主な学習内容と学習活動がわかるようなものにする。このめあてを提示することで生徒は授業に見通しをもって参加できるようになる。
　そして，「視覚化の工夫」では，板書を構造的にまとめていく。大切な内容はチョークの色を変えてわかりやすくする。また枠をつけるなどの工夫もする。板書の形式をパターン化することで，板書をノートに書き写すことが苦手な生徒も徐々に慣れて書けるようになってくる。
　また，資料提示に実物投影機等のICTを活用するなど，視覚的に授業内容がわかるようにすることで集中して授業に参加することができる。
　最後に「表現活動の工夫」では，生徒が自分の学習の成果を表現できるような活動を取り入れる。ここではグループによる話し合い活動など，生徒全員が

参加し考えを共有しながら深めていけるような工夫を取り入れる。

また，話し合い活動のマニュアルを活用して，活動方法をパターン化することでどの生徒も参加できるようにした。

以上のような視点を取り入れることにより，どの生徒も安心して授業に参加できるようにした。

5 授業の実際
――中学2年社会科地理的分野　単元「世界のさまざまな地域の調査」

ここで，中学2年生の社会科地理的分野で「ユニバーサルデザインの視点」を取り入れた授業を実践したものを紹介する。

はじめに，授業開始時に自分の机など身の回りのものを整理整頓させて，生徒が授業に集中できるようにした。

次に，これまでの学習を振り返りながら「旅行に行くならどの国（地域）がおすすめか？　グループで決めよう！」というめあてを提示した。このことで，この時間はどんな学習活動を行いながら，どんな内容を考えて行くかなど，授業の見通しを明確にもたせるようにした。

その後，「旅行に行くならどの国（地域）がおすすめか？」について，前時までのノートなどを活用させながら，自分の考えとその理由をまとめさせた。

個人の考えがまとまったことを確認して，自分の考えとは違う視点から考えを深めさせるために4人1組のグループをつくり，話し合い活動を行わせた。ここでは，自分が選んだ国（地域）について，お互いの考えを共有することで，明確な視点から理解を深めさせるようにした。

話し合い活動の際には，黒板にパターン化された自分の考えの書き方や話し合い活動の手順が書かれたマニュアルを活用して，誰でも参加できるような手立てを準備した。

話し合いでまとめられた意見については，各グループ発表用のホワイトボードに意見を記述して，実物投影機を活用して発表させた。そのホワイトボードは黒板に掲示していった。このことで，各グループでまとめられた内容が視覚的にわかるような工夫をした。

最後に，話し合い活動によりホワイトボードにまとめられた意見を参考にして，「旅行に行くならどの国（地域）がおすすめか？」について自分の最終的な考えを記述させ，学習内容について理解を深めさせた。
　「ユニバーサルデザインの視点」を取り入れた授業に関する生徒アンケートでは，かばんや荷物を片付けておくこと，めあてを提示すること，板書の内容，自分の考えを出し合う話し合い活動について答えてもらった。ここでは，ほとんどの生徒がよかったと答えていた。
　そのなかで，「黒板にめあてが書いてあることで，その日の授業でがんばることをしっかり理解して取り組めたのがよかったです。」「黒板も見やすく，ノートをまとめるのが簡単でした。これからも同じやり方をしてほしいです。」というような感想が出されて，「ユニバーサルデザインの視点」を取り入れた授業の効果が見られた場面があった。

実践3　解説

学力向上を大切にした確かな基盤の上での特別支援教育の視点を取り入れた授業改善

柘植雅義

　実践3は，通常学級における「ユニバーサルデザインの視点」を取り入れた授業実践を，中学校において，全校を挙げて上手い具合に推進している学校の実践である。小学校では，このような取り組みは進んできているが，中学校での取り組み，ということが貴重である。しかも，特定の教科のみならず，全ての教科を対象として実践しているのが特色である。さらに，この学校は，もともと確かな学力向上を大切にし，早くから取り組んできた経緯がある。そのような，学びを大切にしようとする確かな基盤の上

に，特別支援教育の視点を取り入れた授業改善を行おうと実践が進んだ。したがって，無理がなく，一層の授業改善をしようとする意識がごく普通に浸透しているように感じる。どの学級のどの教科の授業を見ても，良く工夫されているな，丁寧だなと感じるのは，そのような背景があるからだろう。

　この学校における，ユニバーサルデザインの視点を取り入れた授業実践では，「教室環境の整備」「授業の見通し」「視覚化の工夫」「表現活動の工夫」の４つのポイントを取り入れている。その際に，特別支援教育コーディネーター（本稿の筆者）のリーダーシップの下，特別支援教育委員会から提案された共通フレームとなっている指導案を活用して，どの教科の授業も同じ視点から授業を構成できるようにした。

　このことは，初めてそのような視点から指導案を作る教師にも分かりやすく，負担も少ない。また，他の教師の指導案と比較してみることができ，必要な改善がなされやすいだろう。

　そして，そのような取り組みの趣旨や方法を，全職員に知ってもらうために，校内の特別支援教育委員会が，『美しが丘特別支援教育だより』を発行し，そこに，特別支援教育の視点を盛り込んだ授業改善のこと，学習指導案のこと，その他，特別支援教育の推進に関する必要事項を盛り込んでいる。

　中学２年の社会科地理的分野での単元「世界のさまざまな地域の調査」では，「旅行に行くならどの国（地域）がおすすめか？　グループで決めよう！」というめあてを提示し，本時の授業の見通しが示された後，４名ほどのグループに分かれて，対象国を決め，用紙にまとめ，プレゼンし，教師からの質問に応える，という流れだ。その随所で，先の，４つのポイントが上手い具合に授業に盛り込まれていく。

　ちょうど，本実践で紹介されている授業を参観することができたが，そのような種々の配慮の上に，教師からの分かりやすい指示，机間支援の際の的確な言葉がけ，各自の作業や発言への随時の的確な評価などが，行われていた。

　そして，授業の最後には，話し合い活動によりホワイトボードにまとめられた意見を参考にして，「旅行に行くならどの国（地域）がおすすめか？」について，今度はグループとしての意見ではなく，自分自身の最終的な考えを記述させ，学習内容について理解を深めさせようとしていた。

授業の終わりごろになって,「私は,本当は,○○国を取り上げたかった」「今度は絶対○○国にしたい」といった声が,生徒の何人かから聞こえた。グループで行う作業のスタイルの良さ,チームワークの在り方やスキルを学べる良さと共に,個人作業ではないことから,個人の考えやアイデアが生かされにくいこともあるだろう。個人でないと力が発揮しにくい子への配慮はどうしていけば良いだろうかと,ふと思った。次の授業展開が楽しみだ。

実践 4

子ども同士の関係づくりの視点から考える教室のユニバーサルデザイン

田中博司

1 はじめに

　通常の学級の一番の特徴は集団生活であり，この集団での生活が，発達障害と言われる子どもたちにとっての過ごしにくさの一番の要因だろうと考えられる。だから，たくさんの子どもたちが過ごす教室で，どの子も過ごしやすく，安心して学習や生活ができるようにすること，それを私は，教室のユニバーサルデザインだと考える。

　教室の中で，子どもたちが過ごしやすく毎日を送るためには，私は「環境づくり」と「関係づくり」という2つの要素が必要になると考える。

　「環境づくり」とは，教室の掲示物や座席配置など，目に見える環境を整えること，いわゆるハード面に関する調整である。

　一方の「関係づくり」とは，友だち同士のあたたかな関係性を紡ぎ出すという目に見えない部分での配慮，いわゆるソフト面での調整となる。子どもたちが集団で過ごす通常の教室では，その関係性を整えることが，すべての活動の基盤となる。さらに，子どもたち一人ひとりの心があたたまっていれば，多少の摩擦やストレスがあっても受け止めて，前向きに対処していけるだろう。

　ここでは，「関係づくり」のために，私が教室で子どもたちを結びつける要素としている，「役割」「自分らしさ」「言葉」について，紹介していく。

2 「役割」をつなぐ

　人は，自分の存在や行動が，まわりの人の役に立っている，貢献していると

いう思いをもったとき，その集団での居場所を実感することができる。さらに，一人ひとりに役割ができ，互いに支え合って集団が成り立っていることを感じられたとき，集団の質が高まり，集団が一つのチームとなる。
　つまり，子どもたちは，教室の中での自分の役割，立場ができることで，自分はまわりとつながっているという思いをもつことができるのである。
　だから，私は，教室の中の仕事を「一人一役制」にしていることが多い。
　たとえば，日直で順番制にしたり，班ごとに分担制にしたりする当番の仕事を，クラスの人数分に分けて，一人ひとりに担当させるのである。
　掃除当番なども，周囲では，グループで取り組むことが比較的多いようだが，一役制にして，取り組ませることがよくある。
　このような一人一役制を続けていると，子どもたちは自分の役割に責任をもち，時にはその仕事を自分の専門職としてとらえるようになってくる。すると子どもたちは，自分自身のクラスでの貢献や存在について自覚できるようになり，自己肯定感を高めていく。また，自分と同じように友だちもクラスのために役割を担ってくれていることがわかるので，他者受容にもつながる。

3 「自分らしさ」をつなぐ

　学校は集団で行動する場である。一日中，時間割の元に，学ぶ時間も内容も場所も決められている。だから入学当初から，みんないっしょ，みんな同じように，という意識が根付かされていく。けれども，こうした同一性は，行き過ぎると，まわりと少し違うことに対して排他的になっていく危険性がある。子どもたち一人ひとりは，みんな違いがあるのだから，一方では，子どもたちそれぞれが違っていていいのだという考えも，根付かせていかなければいけない。
　体の特徴や，学習内容の得手不得手などは，子ども自身が受け入れやすい違いであろう。ところが，認知の違いや学びの多様性などは，大人でもちょっと理解しにくいものである。でも，こうしたとらえにくい違いが受け止められないことで困っている子どもたちが結構存在しているのが現状であろう。
　私は多様性を互いに受け止めるために，「マルチ知能」という考え方を取り入れている。

マルチ知能とは，アメリカのハワード・ガードナー教授によって提唱された，人間には〈言語〉〈論理・数学〉〈空間〉〈体・運動〉〈音楽〉〈人間関係〉〈自分・自己観察〉〈自然との共生〉の8つの知能があるという理論で，他に，マルチインテリジェンス，多重知能などと称されている。トーマス・アームストロング著『マルチ能力が育む子どもの生きる力』では，マルチピザという名称とイラストが紹介されていて，私の教室ではこのマルチピザを子どもたちに伝えている（図7-8）。

このマルチ知能は，国立特別支援教育総合研究所の涌井恵氏との共同研究の際に教わったものだ。授業の中で多様な知能を生かすことで，授業のユニバーサルデザイン化を図ろうという目的の元に活用してきた。研究を通して，「マルチ知能」の考えを取り入れた多様性のある授業づくりを目指している中，結果的に，授業だけでなく，子どもたちが友だち一人ひとりの違いを受け止めることに役立っていることに気付いた。

それまでは，子どもたちは自分や友だちとの違いを，優劣という規準で判断してしまう傾向があったが，マルチ知能を理解してからは，それぞれの得手不得手のピースが違うだけだと受け取るようになってきた。

図7-8　マルチピザ

例えばいつも活発で少しやんちゃな子は、〈体・運動〉の知能に優れている、日頃からおとなしく、あまり友だちとかかわらず一人でいることの多い子は、〈自分・自己観察〉の知能に優れているなどと、とらえられるようになってきた。

　マルチピザの存在によって、子どもたちは、互いの違いを受け止めると共に、一人ひとりが多様な存在であり、多様性こそが「その子の自分らしさ」であると感じられるようになってきた。

4 「言葉」をつなぐ

　あたたかい関係づくりの一番のポイントは、「言葉」であろう。子どもたちは日々言葉を媒介として生活をしている。いわゆる荒れている学級では、決まってこの言葉が乱暴である。言葉には力があるから、環境によって言葉が荒れていることもあるだろうが、反対に言葉によって環境が荒れていくこともあるはずだ。ということは、言葉を整えることで、あたたかい環境を作っていくこともできると考える。

　また、集団で過ごす場においては、友だち同士のかかわりが、たくさんの子どもたちにとっての困難になっているし、トラブルの元にもなっている。逆に考えると、言語環境を整え、適切なかかわりを身に付けることができれば、教室の中で子どもたちはずいぶん過ごしやすくなるということになる。そして、すべての子どもたちが、どの子もお互いに何でも言い合える関係を築くことができれば、安心感に支えられた意欲的で高め合える集団ができると考える。

　だから、私は、教室での子どもたちの会話や文章について、次のような実践を取り入れながら、根気強く指導を続けている。

(1)「プラス言葉」と「マイナス言葉」

　人の気持ちをあたためたり、人に力を与えたりする言葉を「プラス言葉」と言い、反対に、人の気持ちを冷やしたり、人のやる気を奪っていく言葉を「マイナス言葉」と呼んでいる。そして、プラス言葉を使い、マイナス言葉を使わないということを、常日頃から、継続的に伝え、指導をし続けている。子どもたちと共に、教室に増やしたい「プラス言葉」、なくしたい「マイナス言葉」

を見つけ出し，それをいつでも目にできるように掲示して，マイナスの言葉を排除し，プラスの言葉を根付かせていくようしている。

（２）対話力パワーアップタイム

「対話力パワーアップタイム」とは，適切な子ども同士の関係性を築けるように，対話のスキルを指導し，繰り返し練習していく時間である。計算技能を習得するためのドリルやプリントと同じように，繰り返し練習して，対話のスキルを身に付けていく時間としている。

具体的には，隣の席の子とペアになり，「１分間話をする」「気持ちよく話を聞く」「質問をして相手の話を聞く」「友だちの話を再話する」などの課題を設けて，短い時間での対話を朝の会や授業の初めなどに繰り返し行っている。

こうした対話のスキルは，子どもたちへの個別の支援を考えても，大事な技能となる。特に教師よりも友だちとの関係を意識するようになる高学年期においては，授業中の教師による支援よりも，友だち支援の方が大きな効果を発揮することがよくある。この友だち支援の成立には，友だち同士の対話力が欠かすことができない。

（３）笑顔チャージタイム

子どもたちの気持ちをあたためていくために，お互いのよさを見つけ合い，それを言葉にして伝え合うという実践を取り入れる。よさを探しそれを言葉にすると，伝えてもらった方だけでなく，伝えた側の心もあたたまる。

このようなよさを認め合い，伝え合う実践としては，最近では，北九州の菊池省三氏の『ほめ言葉のシャワー』が有名となっている。私自身も，『ほめ言葉のシャワー』を教室で取り入れてきた。私は，こうした心のあたたかさを笑顔エネルギーと呼んでいるので，笑顔エネルギーをためていく時間ということで，この時間を「笑顔チャージタイム」と呼ぶようになってきた。

子どもたちの自主学習や日記などを読んでいると，自主的に笑顔チャージと題して，友だちのいいところを書き記す子が増えてくる。笑顔チャージの価値に気づき，よさに目を向けながら，友だちとつながれるようになってくる。

5 おわりに

　学級の担任として私は，子どもたちの実態と向き合い，その子やその子たちに合った教室づくりをしていくことを念頭に置いている。だから，たとえ同じ学校の同じ学年であっても，毎年違った学級づくり，授業づくりになってくる。

　けれど，子どもたちの実態にあまり左右されずに，年度の初めから整えておきたい環境や，伝えておきたい考え方がある。それが，私のとらえる教室のユニバーサルデザインだ。

　「環境づくり」に限らず，「関係づくり」についても，これまでのどの教室でも，大事にされてきたことなのかもしれない。けれども子どもたちがより多様化し，支援の必要性が一層高まってきている現在の教室においては，これまで以上に，個に配慮した環境づくりを行うと共に，子どもたち同士の関係性を高め，子ども同士をつないでいくことが必要となる。どの子も過ごしやすい教室を支えるために，子どもたちの「関係づくり」をデザインしていくことが，通常の学級の担任としての大きな役割となっている。

【参考・引用文献】

菊池省三．(2012)．小学校発！　一人ひとりが輝くほめ言葉のシャワー．日本標準．
トーマス・アームストロング著,吉田新一郎訳．(2002)．マルチ能力が育む子どもの生きる力．小学館．
涌井恵編著．(2012)．発達障害のある子どももみんな共に育つユニバーサルデザインな授業・集団づくりガイドブック（試作版）．独立行政法人国立特別支援教育総合研究所．
涌井恵編著．(2012)．「学び方を学ぶ」テキスト〈試作版〉：学びの達人（ふろしき忍者）になれるコツ．独立行政法人国立特別支援教育総合研究所．

実践 4 解説

ユニバーサルデザインでクラスをつなぐ
──「環境づくり」+「関係づくり」

阿部利彦

教育における3つのユニバーサルデザイン

　私は，教育におけるユニバーサルデザイン（以下，UD）を，"「より多く」の子どもたちにとって，わかりやすく，学びやすく配慮された教育のデザイン"であるととらえる。そして，教育における UD は図7-9のように3つの要素で構成されていると考えている。

　まず，「授業のUD化」というのはもちろん授業で教えるときの工夫。「教室環境のUD化」とは物理的なもの，掲示物や教室環境のデザインである。そして「人的環境のUD化」は，ある子が失敗したときに周りの子が茶化したりするような人的環境，友達やクラスといった環境も学びやすくするために整えるということである。この3つで子どもたちを支えられるのではないだろ

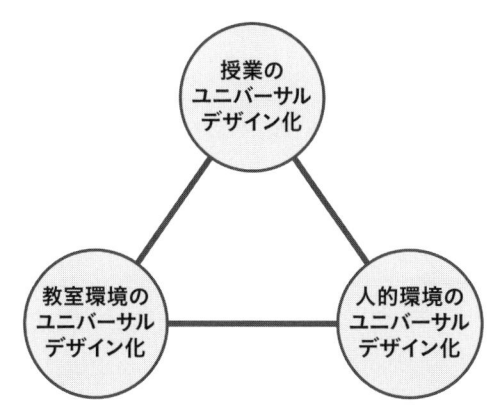

図7-9　"子どもを支える"教育における3つのUD

うか。田中氏の「環境づくり」＝「教室環境のUD」,「関係づくり」＝「人的環境のUD」とみなすことができるのである。

UD化というと「環境づくり」がクローズアップされるが,「役割」「自分らしさ」「言葉」を通じて,子どもたちを「つなぐ」という「関係づくり」の視点を決して忘れてはならない。

学級全体で行うSSTの必要性

クラスの子どもたちをつなぐために,学級で使う「プラス」言葉（ふわっと言葉）を増やす,あるいは「対話力（スキル）」をバージョンアップさせる,子どもたち同士で「いいところ」探しができるように導く,といった教師の取り組みがクラスの人的環境をやわらかくする。

特定の子どもにSSTを行うのではなく,学級全体で取り組むことで,子どもたちの気持ちを安定させ,学級全体を成長させることができる。そうすれば,子どもたちが支えあい,学び合う雰囲気ができあがる。学級がまとまっていくのに沿って,「気がかりな子」も共に成長していくことが多い。

教育におけるUD化により,子どもたちにとって,安心して学べる居心地のよい環境,そして,それぞれの子どもの「よさ」が十分発揮できる環境を通常学級の中に作り出すことが可能になる。

これを田中氏は「クラスをあたためる」と表現することがある（田中, 2012）。心の体力をあたためて,子どもたちのもつ力を引き出すこと,そして子どもたち同士のあたたかい関係を結ぶことが,教育におけるUD化において意義深いことだと私も考えるのである。田中氏の実践から「あたたかいUD化」を実感できたように思う。

【引用・参考文献】

田中博司（2012）．どの子も「安心」できる学級づくり授業づくり．学事出版．
NPO星槎教育研究所編（2009）．クラスで育てるソーシャルスキル．日本標準．

第8章

ユニバーサルデザイン教育を非日常から日常へ
――形骸化を防ぐ取り組みを

阿部利彦

1 ユニバーサルデザイン化を見つめ直す

　ユニバーサルデザインの視点をいかした教育，と聞いたとき，皆さんはどのような教育をイメージするだろうか？「ユニバーサルデザイン（以下 UD）」という言葉だけで，なんとなく「いい授業」らしいのはわかる。しかし，かなり漠然としている感は否めない。

　日本 LD 学会の大会でも，このところ UD とついた企画が複数見られるようになっている。少し細かくその内容を調べてみると，たとえば，涌井恵氏は，マルチ知能，子どもが「学び方を学ぶ」ことをキーワードに「共同学習による UD」を研究・実践している（第3章参照）。

　「授業の UD」とタイトルについた書籍を，佐藤慎二氏とともに編集・執筆されている漆澤恭子氏の視点（第5章参照）と，桂聖氏を代表とする「授業の UD 研究会」（第7章実践1）でも，その方向性は異なる。前者は特別支援教育がベースの「特別でない特別支援教育」を目指し，後者は教科教育に特別支援教育の視点を取り入れることを「UD」としている。また，金子晴恵氏らが紹介している「学びの UD」はアメリカの CAST（The Center for Applied Special Technology）による Universal Design for Learning（UDL）をベースにアメリカの手法を日本で取り入れるような方向で展開していると推察される。

　このように UD と銘打つ授業や教育がどのような視点で研究されてきたか，あるいはどのような支援を提唱しているか，はそれぞれ異なっているのである。もちろん，どれが正しい，という次元ではない。しかしながら，このあたりを整理しながら実践に取り入れることは，子どもへの支援がぶれないためには重

要なことだ。

　なぜ、ここでさまざまな切り口があることを取り上げたかというと、もしかしたらUDという言葉の響きにひかれ、「それを取り入れることはいいらしい」という考えで未整理のまま研修会などに参加されている方もいるかも知れない、と考えたからである。その考えの元になったのは、私が授業のUD研究会や日本特殊教育学会の企画シンポジウムなどで話をした際、その参加者に、そもそもUDとは何か、あるいはロナルド・メイスが提唱したUDの7つの原則（図8-1）があることを知っているか、と質問したところ、ほとんどの参加者は知らなかったという事実である。

　もちろん、メイスの「UDの7原則」をそのまま教育に持ち込むことには難があろう。しかし、自分たちが学び、実践するにあたって、そのキーワードであるUDという言葉の本来の意味を知らずにいることに私はひっかかりを感じた。UDの基本的な意味を知らないということは、UDが万能ではない、ということも知らないのではないか、と不安になったのだ。

　いわゆるUDの製品といわれるものでも、工夫された部分が別の問題を引き起こす場合がある。例えば高齢者用に設計されたものが、他の消費者には使いにくい、ということがあるのだ。

　街の中のUD（バリアフリーと捉える考えもある）として、点字ブロックがある。視覚障害者にとっては不可欠なものであるが、感覚過敏の自閉症者の中には、足裏の触覚が敏感で、点字ブロックの上を歩くことができない人がいる。

- ● 誰でも公平に利用できること
- ● 使う上で自由度が高いこと
- ● 使い方が簡単ですぐわかること
- ● 必要な情報がすぐに理解できること
- ● うっかりミスや危険につながらないこと
- ● 無理な姿勢をとることなく、楽に使用できること
- ● アクセスしやすいスペースと大きさを確保すること

図8-1　ロナルド・メイスによる「ユニバーサルデザインの7原則」

また，音響装置付き信号機の音声が聴覚過敏の人にとっては大変つらいものであることが想像できるだろうか。

いわゆるUDやバリアフリーデザインのものでさえ，万能とは言えないことを鑑みると，同様に「教育のUD」化についても丁寧にその効果を検証していく必要があると思われる。

2　UDが目指す「いい授業」とは？

特別支援教育の視点を取り入れた実践をされている教科教育の専門家たちの中にも，授業で子どもに「見通しを持たせる」ことをよしとしない先生がいる。冒頭に「今日は○○を勉強します」だとか「今日の授業の流れは，まずAをやって，次にB，最後にCをします」などと説明してしまうことが，子どもたちのワクワク感をそいでしまうから，というのが一つの理由である。ヒントカードを見せることについても，「その子の考えをせばめてしまう」という見方もある。特別支援教育の視点では，前回の復習から入ることや最後に今日のポイントを「まとめ」として伝えることは重要であるが，授業の枠をせばめてしまう，とする考えもあるのだ。

このように，視覚的に見通しを持たせることを「UD」と考えるグループもあれば，「授業の流れを知らせたり，ヒントカードを見せたりしなくても，いい授業を工夫すればすべての子どもがのってくる。それがUD」だ，というグループもいるわけである。後者の場合，視覚化に反対しているわけではなく，「見える化」は重要だが，授業の予定やカードを使うことには疑問を投げかけているというスタンスである。

さて，特別支援教育の立場からは，視覚化，構造化，授業のルーティン化は大切だ，と声があがるだろう。ここで考えなければならないのは「いい授業」とは何か，ということを子どもの視点で考えることではないだろうか？

例えば自閉症スペクトラムの特性のある子どもの多くは，ルーティン化されている授業の流れに安心するし，視覚的なカードで見通しを持たせることも理解には重要だろう。しかし，ADHDの特性のある子の中には「今日やることが分かってしまった」途端に飽きてしまう子もいる。授業の流れの中で先が読

めないワクワク感によって集中が持続する子だって確かにいるのだ。

　ある子にとっては「先が読めて安心」で「やることが分かっている」のが「いい授業」であり，別の子にとっては「先生のアドリブやサプライズ演出」がいっぱいあるのが「いい授業」なのである。「誰にでもわかる」のがUDだとしても，自分でじっくり考えて「わかった」時に身につく子もいれば，その時「わかった」と思っても定着しないため反復することで「わかることを繰り返す」必要がある子もいる。「楽しい授業」「いい授業」「わかる授業」は，特に個性豊かな子どもたちにとっては，かなりベクトルが違うものなのである。

　通常学級にも6.5%はいる「気になる子」，その特性によっても学級の雰囲気は大きく異なる。だから担任の先生は今年の子どもたちのカラーによって「UD」化のイメージを焦点化しなければならない。

　つまり「こうあるべき」が通用しないのが「UD」化なのだ。

3 その工夫は，教師にとってもUDか？

　授業の見通しを持たせるために，黒板の横に小さなホワイトボードを用意し，そこに授業の流れを示した複数の細いマグネットシートを掲示する。マグネットシートにはそれぞれ「1．前回の復習，2．音読，3．……」などと書いてあり，流れの中でシートを外していく。そんな取り組みをしている学校でも，ついシートをはずすことを忘れてしまう教師はいるだろう。授業に集中しているので仕方がない。ハンドサインを決めたはずなのに，どれがどのハンドサインだったのか混乱してしまう若い教師もいる。視覚化として「こっちを見て」などのカードをたくさん用意したが，カードが多すぎてタイミングよく適切なカードを探せない，という教師だっている。慣れてくればできるのかも知れないが，本当にそれが教師にとってUDであるとは限らない。

　UDの議論をする以前の問題だが，ICT活用の授業にしても，準備不足なのかいざという時に機材が動いてくれない，という場面を巡回指導で何度目にしたか分からないほどである。

　UDは「気張って実践するもの」でも「気合いを入れて使うもの」でもない。学校生活に溶け込んで日常化しなければUDではないはずだ。

授業のUDではどうだろう。すばらしい実践者の真似をして若い教員が国語「お手紙」の授業をしてみる。子どもたちは楽しく参加してくれるかも知れない。しかし「お手紙」だけで終わらせず，今後も国語全体でUD化を工夫し，教材研究をさらにすすめなければならない。いや，UD化なのだから「国語」だけではだめだ，その工夫は全教科で求められてくる。

これは本当に実践可能なのか？　毎時間UD化するためには相当量の準備が必要になる。UD化した授業が特別であったら，それはUDではないからだ。でもそんなに豊富なバリエーションで教材に工夫ができるだろうか，とも考えるのである。それに子どもはある意味貪欲なので，一度楽しい工夫をしたら「次はどんなのかな」と待っている。同じような手で教師が授業をしたら，「なんだまたか」とがっかりして当然だ。だから教師はあくなきチャレンジをしなければならなくなる。その覚悟が，UDを学ぼうとしている教師たちにはあるのだろうか。

本来「すべての人にとって使える」のがUDなのだから，教育のUD化を唱える私たち研究者は，さまざまな年齢や立場の教師が使用可能である具体的なUD化を提供しなければ，それは「絵に描いた餅」になる危険性があるのだ。

4　子どもの目線でUDを考える

教育をUD化するのは子どもたちのため，これは多岐にわたるUD化に共通した方向性であろう。しかし，子どもたちにとって本当に「わかりやすい」のか，「学びやすい」のか，すなわち子どもの側からの視点でUD化を検証するという試みはまだ少ないように思える。子どもにとって本当に効果的なのかという視点で，ユーザビリティ向上を目指すことが望まれる。

ユーザビリティの評価としては以下の5点が挙げられる。それは，学習しやすさ，効率性，記憶しやすさ（覚えやすさ），エラーの少なさ（ミスを減らす），主観的満足度（楽しくなる，好きになる）である。

なかでもこの「主観的満足度」は，UDの7原則には掲げられていないが，ユーザビリティ評価には欠かせない視点だと言えるだろう。教育の場合は，子どもたちにとって「楽しいこと」「課題を身近に感じること」「その活動を好きにな

ること」という原則を重視した「場」作りを検討しなければならないのである。

　では，子どもたちの「満足度」をどう評価すればいいのか？　まずは，子どもに授業を評価してもらうアンケート調査が考えられるだろう。国語の授業をUD化して実施し，その後アンケートをとるとする。質問項目は，「先生の説明はわかりやすいですか」「黒板を工夫していると思いますか」「授業のねらいや目標が理解できましたか」などになるだろう。対象が小学5年の子どもたちだとすると，子どもたちはせいぜい5，6人の先生の授業しか受けていないわけだから，前より工夫がみられれば「よかった」「わかりやすかった」に○をつけるだろう。しかし，何を基準に「よかった」とするのだろうか。このような質問項目では焦点化されない，という課題も見えてくる。

　アンケートといった特別なことをせずとも，UD化を実践し，その成果を検討するためには，子どもたちの反応に着目するとよい。それも教師側が期待した「よい反応」（表情，挙手，発言）をした児童・生徒ではなく，参加度の低い子どもにアンテナを高くして，「なぜ今日は授業にのれなかったのか」を校内の教師と検討していく。このような取り組みが，より多くの子どもたちの理解を深める授業づくりの手がかりとなろう。

　また，デザイン学的なUDでは「エラー」を少なくすることが重要視されるが，教育の世界においては，子どもに「間違えること」や「失敗すること」を回避させるのは困難である。その点については，長江清和氏・細渕富夫氏もUDの7原則を読み替えて提示してくれている（図8-2）。「5　間違いや失敗

1　全ての児童が学びに参加できる授業
2　多様な学び方に対し柔軟に対応できる授業
3　視覚や触覚に訴える教材・教具や環境設定が準備されている授業
4　欲しい情報がわかりやすく提供される授業
5　間違いや失敗が許容され，試行錯誤をしながら学べる授業
6　現実的に発揮することが可能な力で達成感が得られる授業
7　必要な学習活動に十分に取り組める課題設定がなされている授業

図8-2　授業作りの観点で読み替えた「授業のUDの7原則」（長江・細渕, 2005）

が許容され，試行錯誤をしながら学べる授業」とあるように，むしろ子どもが間違えた時にこそ，学びが深まるチャンスが隠れている。子どもたちに「ミスをさせない」ことよりも，そこから何をつかませるか，という視点で学級環境づくりをしなければならないのである。教育におけるUD化の原則にもう一つ，「間違いをきっかけにクラスの学びが深まる」「間違いをおぎないあう」ということも加える必要があるかも知れない。

5　教育のUD化，ゴールなきチャレンジ

　子ども不在で進むUD化などありえないし，「UD」っぽいという判断で進むUD化も危険である。UD化を形骸化させずに推しすすめるために必要なこと，それは徹底的に「学ぶ」立場になって考えることであろう。もし学校全体で取り組むならば，目の前にいる子どもたちをしっかり把握しなければならないのである。

　そして，わかりやすくするため＝カード，見通しを持たせるため＝ルーティン化，という単純な発想では学校全体や授業を真の意味でUD化することはできない。同じ学校内でも，あるクラスにとってのUD化と，別なクラスのUD化の方向性は異なってしかるべきである。

　授業は，児童・生徒との相互コミュニケーションで作り上げていくUD化を目指した「場」なのだから。

【引用・参考文献】

埼玉県立総合教育センター特別支援教育担当 平成23年度調査研究報告書小中高等学校におけるユニバーサルデザインの視点を取り入れた授業実践に関する調査研究（中間報告）

長江清和・細渕富夫（2005）小学校における授業のユニバーサルデザインの構想：知的障害児の発達を促すインクルーシブ教育の実現に向けて．埼玉大学紀要教育学部（教育科学），54（1），155-165.

THE CENTER FOR UNIVERSAL DESIGN 1997　http://www.ncsu.edu/www/ncsu/design/sod5/cud/about_ud/about_ud.htm(2014.5.17現在)

UNIVARSAL DESIGN FOR LEARNING (UDL) GUIDELINES V1.0（日本語翻訳 金子晴恵 バーンズ亀山静子）http://harue.no-blog.jp/udlcast/files/udl_guidelines_1_0_japanese.pdf(2014.5.17現在)

▍監修者・編著者紹介

柘植雅義（つげ・まさよし）

　筑波大学人間系障害科学域教授。愛知教育大学大学院修士課程修了，筑波大学大学院修士課程修了，筑波大学より博士（教育学）。国立特殊教育総合研究所研究室長，カリフォルニア大学ロサンゼルス校（UCLA）客員研究員，文部科学省特別支援教育調査官，兵庫教育大学大学院教授，国立特別支援教育総合研究所上席総括研究員・教育情報部長・発達障害教育情報センター長を経て現職。主な著書に，『高等学校の特別支援教育Q&A』（共編，金子書房，2013），『教室の中の気質と学級づくり』（翻訳，金子書房，2010），『特別支援教育』（中央公論新社，2013）『はじめての特別支援教育』（編著，有斐閣，2010），『特別支援教育の新たな展開』（勁草書房，2008），『学習障害(LD)』（中央公論新社，2002）など多数。

▍著者紹介（執筆順）

柘植雅義（つげ・まさよし）	編者・筑波大学人間系教授
川俣智路（かわまた・ともみち）	北海道教育大学大学院教育学研究科准教授
涌井　恵（わくい・めぐみ）	独立行政法人国立特別支援教育総合研究所インクルーシブ教育システム推進センター主任研究員
阿部利彦（あべ・としひこ）	星槎大学大学院教育実践研究科准教授，授業のUD研究会湘南支部顧問
漆澤恭子（うるしざわ・きょうこ）	東洋大学非常勤講師
花熊　曉（はなくま・さとる）	関西国際大学教育学部教授
桂　　聖（かつら・さとし）	筑波大学附属小学校教諭
川上康則（かわかみ・やすのり）	東京都立矢口特別支援学校主任教諭
竹内康哲（たけうち・やすのり）	兵庫県立阪神特別支援学校教諭
宇野宏幸（うの・ひろゆき）	兵庫教育大学大学院学校教育研究科教授
鬼木　勝（おにき・まさる）	横浜市教育委員会事務局北部学校教育事務所主任指導主事
田中博司（たなか・ひろし）	東京都公立小学校教諭

ハンディシリーズ 発達障害支援・特別支援教育ナビ
ユニバーサルデザインの視点を活かした指導と学級づくり

2014年9月21日　初版第1刷発行　　　　　　　　　　［検印省略］
2018年8月21日　初版第4刷発行

　　　　　　監修者　　　柘　植　雅　義
　　　　　　編著者　　　柘　植　雅　義
　　　　　　発行者　　　金　子　紀　子
　　　　　　発行所　　株式会社 金　子　書　房

　　　　　　〒112-0012　東京都文京区大塚3-3-7
　　　　　　　　　　　TEL 03-3941-0111㈹
　　　　　　　　　　　FAX 03-3941-0163
　　　　　　　　　　　振替 00180-9-103376
　　　　　　URL http://www.kanekoshobo.co.jp

印刷／藤原印刷株式会社　製本／株式会社宮製本所
装丁・デザイン・本文レイアウト／mammoth.

© Masayoshi Tsuge, et al., 2014
ISBN 978-4-7608-9541-0　C3311　Printed in Japan

ハンディシリーズ
発達障害支援・特別支援教育ナビ

柘植雅義◎監修

既刊

ユニバーサルデザインの視点を活かした指導と学級づくり
柘植雅義 編著

定価 本体1,300円+税／A5判・104ページ

発達障害の「本当の理解」とは
――医学, 心理, 教育, 当事者, それぞれの視点
市川宏伸 編著

定価 本体1,300円+税／A5判・112ページ

これからの発達障害のアセスメント
――支援の一歩となるために
黒田美保 編著

定価 本体1,300円+税／A5判・108ページ

発達障害のある人の就労支援
梅永雄二 編著

定価 本体1,300円+税／A5判・104ページ

発達障害の早期発見・早期療育・親支援
本田秀夫 編著

定価 本体1,300円+税／A5判・114ページ

学校でのICT利用による読み書き支援
――合理的配慮のための具体的な実践
近藤武夫 編著

定価 本体1,300円+税／A5判・112ページ

発達障害のある子の社会性とコミュニケーションの支援
藤野 博 編著

定価 本体1,300円+税／A5判・112ページ

発達障害のある大学生への支援
高橋知音 編著

定価 本体1,300円+税／A5判・112ページ

発達障害の子を育てる親の気持ちと向き合う
中川信子 編著

定価 本体1,300円+税／A5判・112ページ

発達障害のある子／ない子の学校適応・不登校対応
小野昌彦 編著

定価 本体1,300円+税／A5判・112ページ

――― **ハンディシリーズ・続刊決定！** ―――

取り上げるテーマ(予定)：教師と学校が変わる学校コンサルテーション／特別支援教育とアクティブ・ラーニング／大人の発達障害／など